ENGLISH G

access

3 | 4

GRAMMAR AND SKILLS

Nachschlagen und üben

Cornelsen

Lieber Schüler, liebe Schülerin,

dieses Buch besteht aus drei Teilen:

- einem **Skills**-Teil, in dem wichtige **Lern- und Arbeitstechniken** vorgestellt und erläutert werden (S. 7 – 23),
- einem **Grammar**-Teil, in dem der **Grammatikstoff der ersten vier Lernjahre** erklärt wird (S. 24 – 86),
- einem **Exercise**-Teil, in dem du **Übungen zu den Grammatikthemen** findest (S. 87 – 133).

Wie findest du, was du suchst?

1. Im **Inhaltsverzeichnis** auf den **Seiten 4 – 6** siehst du, auf welcher Seite eine bestimmte Lern- oder Arbeitstechnik („Skills") beschrieben wird und auf welcher Seite ein bestimmtes grammatisches Thema („Grammar") behandelt wird:

Rechts neben dem grammatischen Thema steht, welche **Übungen aus dem Übungsteil** zu diesem Grammatikthema gehören.

2. Wenn es um Grammatik geht, kannst du auch im **Stichwortregister** auf den **Seiten 134 – 136** nachschlagen. Dort sind alle grammatischen Themen sowie einzelne wichtige englische und deutsche Wörter **alphabetisch** aufgelistet, und du siehst sofort, in welchen Abschnitten des Grammar-Teils du etwas zu deinem gesuchten Begriff findest:

Adjektive werden in den Abschnitten 38 – 40 und 44 behandelt.

Zu ***better, best*** findest du etwas in den Abschnitten 39 und 43.

Was bedeuten die Symbole und Verweise?

Im Grammar-Teil:

17 **The past perfect** (Das Plusquamperfekt) 3: 4 / 4: 4 Ü S. 103–104: 35–38

17.1 **Form** (Form)

Die Ziffern sagen dir, wo dieses Thema in deinem Lehrwerk *English G Access* behandelt wird – hier: Band 3, Unit 4, und Band 4, Unit 4.

Hier steht, welche Übungen zu diesem Thema gehören – hier: Übungen 35 bis 38 auf den Seiten 103 bis 104 dieses Buches.

played ... *played* ...

We/You/They **had played** We/You/They **hadn't played** **Had** we/you/they **played?**

Kurzformen: 62

Das *past perfect* wird mit ***had*** + **Partizip Perfekt** *(past participle)* gebildet.

Bildung des Partizip Perfekt: 15.1

Mit „K" wie „Kontrast" wird auf wichtige Unterschiede zwischen dem Englischen und dem Deutschen hingewiesen.

Dieser Pfeil verweist auf andere Abschnitte im Grammar-Teil, in denen du weitere Informationen zum gerade behandelten Thema findest.

K *I had never* ***tried*** *Indian food before. It tasted great!*
Ich hatte noch nie indisches Essen **probiert**. …

Kate's train had already ***left*** *when she got to the station.*
Kates Zug war schon **abgefahren**, als sie am Bahnhof ankam.

Additional information

53 **Relative clauses with *which* to refer to a whole clause** 4: 5
(Satzbezogene Relativsätze mit *which*)

Mit **Additional information** sind Zusatzinformationen gekennzeichnet, die du dir auch gut anschauen solltest.

Our neighbours helped us to tidy up after the party, ***which I think was very good of them.***

Relativsätze mit ***which*** können sich auch **auf einen ganzen Satz beziehen**: Sie kommentieren dann die Aussage des Hauptsatzes.

! Satzbezogene Relativsätze werden durch Komma abgetrennt.

Und im Exercise-Teil:

48 **The passive** S. 49–51, Abschnitt 24

Aktiv oder Passiv? Vervollständige den Artikel über *The Teapot*, ein Café in Cornwall, mit der richtigen Form des Verbs.

Hier steht, zu welchem Abschnitt im Grammar-Teil die Übung gehört – Übung 48 gehört zu Abschnitt 24 auf den Seiten 49 bis 51.

The Teapot is owned (own) by Vicky and David Morgan. (speci…

…reak- …nd

you're a fan of shepherd's pie[1], make sure you ______ (get) there on time – hot meals ______ (only serve) between 12 and 2.

Ein Klötzchen bedeutet:
Hier wird Stoff aus dem dritten Lernjahr geübt.

Zwei Klötzchen bedeuten:
Hier wird Stoff aus dem vierten Lernjahr geübt.

specialities every week. They only ______ (use) organic vegetables, all of which ______ (grow) on local farms. The café ______

Most credit cards ______ (accept) at *The Teapot*, and tables ______ (can / book) online or by calling 01208 34803.

49 **The passive** S. 49–51, Abschnitt 24

Übrigens:
Ob du die Übungen im Exercise-Teil richtig gelöst hast, kannst du unter **www.englishg.de/access** nachsehen.

Skills

Grammar

Grammar: Exercises

READING SKILLS

SF 1 Skimming and scanning

SKIMMING *(reading for gist)*
Angenommen, du suchst Informationen zu einem bestimmten Thema, z. B. für ein Referat. Deine Suche im Internet liefert so viele Ergebnisse, dass du gar nicht alle gründlich lesen kannst. Hier hilft das Skimming.

Step 1: Sieh dir die folgenden Textteile an, um zu sehen, worum es geht:
- Überschrift und Unterüberschriften
- Bilder und Bildunterschriften
- den ersten Satz jedes Absatzes – dieser Satz ist meist der *topic sentence*, der die Hauptidee des Absatzes nennt
- den letzten Absatz des Textes, der oft eine Zusammenfassung des Textes enthält

Step 2: Fasse den Text in ein paar Worten zusammen. Gelingt dir das ohne Probleme, dann weißt du, um was es in dem Text geht – und dass dein Skimming erfolgreich war.

TIPP
Mach dir um unbekannten Wortschatz erst einmal keine Gedanken – dafür ist Zeit, wenn du feststellst, dass der Text für dich geeignet ist.

SCANNING *(reading for specific information)*
Wenn du in einem Text nach Informationen oder Antworten auf eine Frage suchst, aber nicht den ganzen Text lesen willst, reicht es oft, wenn du den Text nach Schlüsselwörtern *(keywords)* absuchst und nur dort genauer liest, wo du sie findest.

Step 1: Welche *keywords* sind für dein Thema oder deine Frage relevant? Wenn du z. B. nach Öffnungszeiten suchst, dann könnten das die Wörter *open, (opening) hours* oder Zahlen wie *8am–5pm* sein.

Step 2: Geh mit deinen Augen sehr schnell durch den Text und suche nach deinen *keywords*. Du kannst auch mit dem Finger in breiten Bewegungen wie bei einem „S" von oben bis unten durch den Text gehen, bis du eines oder mehrere deiner *keywords* gefunden hast.

Step 3: Lies die Textstelle, die dein *keyword* enthält, um zu sehen, ob sie die gewünschten Informationen enthält. Wenn nicht, scanne weiter.

TIPP
Wenn du mit Texten im Internet arbeitest, kann dein Browser dir viel Arbeit abnehmen:
Mit Strg+F (Cmd+F am Mac) kannst du nach deinen *keywords* suchen.

SF 2 Marking up a text

Wenn du mit Kopien von Texten arbeitest, kannst du wichtige Informationen markieren, um sie als Grundlage für die Weiterarbeit zu verwenden, z. B. wenn du eine Zusammenfassung schreiben oder eine inhaltliche Frage beantworten sollst.

Step 1: Lies deine Aufgabe genau durch und überlege, welche Informationen du brauchst. Behalte dies im Kopf, während du den Text liest.

Step 2: Lies den Text und markiere nur die Informationen, die wichtig sind. Nicht jeder Satz enthält Wichtiges, und oft reicht es aus, nur ein oder zwei Wörter in einem Satz zu markieren. Wichtiges kannst du unterstreichen, einkreisen oder mit einem Textmarker hervorheben.

Step 3: Mach dir Notizen am Rand, die den Inhalt kurz zusammenfassen.
(➜ *SF 25*)

TIPP
1. Verwende unterschiedliche Farben für unterschiedliche Aufgaben/Fragestellungen.
2. Markiere wirklich nur Stichwörter, sonst wird es unübersichtlich.

Fifty years ago today, Rudy Lombard, who is black, and his friend Lanny Goldfinch, who is white, walked into a diner in downtown New Orleans. With two other black friends, they took seats at a whites-only counter. Immediately they were asked to leave. They didn't. Instead they sat

Many of those who took part were students, both white and black. Through their protests, they put themselves in great danger. People were arrested, beaten up and murdered. Some spent time in prison. Some lost their jobs. But they never gave up and finally, after two years, the city ended segregation.

WRITING SKILLS

SF 3 The stages of writing

Wenn deine Texte präzise und gut lesbar sind, machst du es deinen Lesern leichter, deinen Gedanken zu folgen, egal ob du eine Geschichte, einen Bericht oder eine Zusammenfassung schreibst.

Du solltest deine Texte stets gut planen und zuerst einen Entwurf erstellen, den du dann überarbeitest, bis das Ergebnis so ist, wie du es haben willst – gut lesbar, leicht zu verstehen und ohne Fehler. Dieses Vorgehen braucht Zeit, aber es macht deine Texte besser.

PLANUNGSPHASE

Step 1: Plane für diese Phase ausreichend Zeit ein und denke über folgende Fragen nach:

- über welches Thema willst du schreiben?
- was genau sollst du tun (beschreiben, erläutern, zusammenfassen ...)?
- welche Dinge musst du für den geforderten Text beachten?

Step 2: Dann solltest du

- alle nötigen Informationen für dein Thema recherchieren (➔ *SF 19*),
- Ideen/Argumente sammeln und sortieren
- und eine Outline für deinen Text (z. B. einen Bericht) schreiben. (➔ *SF 6*)

ENTWURFSPHASE

Jetzt schreibe deinen ersten Entwurf:

- Füge deiner Outline linking words (➔ *SF 5*) und topic sentences hinzu (➔ *SF 4*).
- Beginne für jede neue Idee einen neuen Absatz.
- Führe deine Ideen aus und gib Beispiele (wenn das die Textsorte erfordert).
- Denk über das Ende deines Textes nach. Wenn du weißt, wie dein Text endet, ist es leichter, eine gute Einleitung zu schreiben, die darauf hinführt. (➔ *SF 4*)

ÜBERARBEITUNGSPHASE

Wenn dein Entwurf fertig ist, heißt das leider noch nicht, dass dein Text auch fertig ist. Jetzt ist es an der Zeit, dass du oder jemand anderes deinen Text noch einmal kritisch durchliest. Am besten ist es, wenn du den Text mehrmals liest, jedes Mal mit einem anderen Schwerpunkt:

- Liest sich der Text gut? Ist er logisch aufgebaut und hat eine gute Struktur? (➔ *SF 4*)
- Sieh dir die verschiedenen sprachlichen Aspekte deines Textes an: Grammatik, Rechtschreibung, Zeichensetzung, Ausdruck, *linking words, time markers* etc. (➔ *SF 5, SF 8*)
- Schreibe deinen Text noch einmal. Verbessere alles, was im ersten Entwurf noch nicht ganz gepasst hat. Wenn du Feedback von jemand anderem bekommen hast, sieh es dir genau an und entscheide dann, was davon du für deinen Text übernehmen möchtest.

TIPP

Wenn du mehr Informationen zum Verfassen guter Texte haben möchtest, sieh dir auch die folgenden Skills files an:

- SF 19: Internet research
- SF 4: Structuring texts
- SF 5: Good sentences
- SF 6: Making an outline
- SF 7: Writing a summary
- SF 8: Revising texts

SF 4 Structuring texts

STRUCTURE

Ein guter Text besteht in der Regel aus den folgenden drei Teilen:

- Einleitung *(introduction)*:
  Hier steht, worum es in dem gesamten Text geht. An dieser Stelle kann auch ein Problem genannt werden, das in dem Text erörtert werden soll.
- Hauptteil *(main body)*:
  Dieser Teil ist in mehrere Absätze gegliedert und präsentiert die Details (Fakten, Beispiele etc.) zu deinem Thema.
- Schluss *(conclusion)*:
  Hier gibst du deinem Text ein passendes, interessantes Ende.

My Trip to Wales

Last summer I wanted to go to Wales because I like the mountains.

First I had to find some information on Wales. So I went to the library and looked for books about Wales. I found a book with some interesting information on hiking tours and I also found a camping guide for Wales. I went home with three books under my arm.

At home I started to plan for my trip. I read all the books and took notes on hiking trails, the weather and the equipment I would need for camping and hiking. After a few days I knew where I wanted to go and what I wanted to do there.

I did not want to go to Wales alone, so I had to find someone to go with me. I called most of my friends and told them about my plan. Some of them did not want to go hiking and others had no money for the trip. But my friend Judith agreed to go with me. We decided to go in late August.

Judith and I spent two lovely weeks in Wales. We went to Snowdonia and enjoyed the fantastic mountains. We stayed in a lovely bed and breakfast and met lots of really nice people. Before we went home we spent two very interesting days in Cardiff.

This was one of the best summer holidays I ever had. Go to Wales – it's fantastic!

PARAGRAPHS

Längere Texte sind einfacher zu lesen und schneller zu verstehen, wenn sie in Absätze eingeteilt sind. Dabei solltest du folgende Dinge beachten:

- Fange für jeden neuen Aspekt einen neuen Absatz an.
- Beginne mit einem interessanten *topic sentence*.
- Beende deinen Text im letzten Absatz mit einer Zusammenfassung oder etwas Persönlichem.

TOPIC SENTENCES

Jeder Absatz sollte mit einem Einleitungssatz beginnen.

Dieser topic sentence beschreibt, worum es in dem Absatz geht. Wichtige Dinge, die du in einem *topic sentence* ansprechen kannst, sind z. B.

- ***Orte:*** *My trip to Berlin was exciting.*
- ***Personen:*** *The Beatles are one of the most famous bands in the world.*
- ***Aktivitäten:*** *Lots of people ride their bike every day.*

SF 5 Writing good sentences

Gute Texte bestehen aus guten, abwechslungsreichen Sätzen. Die folgenden Techniken helfen dir, dich gut auszudrücken und damit den Stil deiner Texte zu verbessern.

ADJEKTIVE

Verwende Adjektive, wenn du Dinge, Orte und Menschen näher beschreiben möchtest:

- a bright face
- a fantastic trip

Stell aber sicher, dass du die Adjektive good, bad and nice nicht zu häufig einsetzt. Ersetze sie durch andere Adjektive mit einer ähnlichen bzw. genaueren Bedeutung:

- a nice teacher: a friendly teacher, a helpful teacher, …
- a good book: an interesting book, a funny book, …

ADVERBIEN

Verwende Adverbien, um Handlungen näher zu beschreiben:

- They walked home slowly.
- She talked quietly.

Verwende Ausdrücke wie really, very, a bit etc., um Aussagen zu verdeutlichen oder zu verstärken:

- It was a really sad story.
- The houses are very high.

KONJUNKTIONEN

Konjunktionen wie and, but oder because geben deinen Sätzen eine klare, gut nachvollziehbare Struktur:

- We went to the London Eye, but it was very expensive.

RELATIVSÄTZE

Relativsätze verbinden Sätze oder geben mehr Informationen zu einer Sache oder einer Person:

- This is the shop which sells the best ice cream in Berlin.

ZEITANGABEN

Time markers / adverbiale Bestimmungen der Zeit helfen dem Leser, sich in einem Text oder einer Geschichte zeitlich zurechtzufinden. Verwende *time markers*, um …

- die Reihenfolge von Ereignissen zu verdeutlichen:
  at first, next, finally, …
- zu zeigen, wie viel Zeit zwischen einzelnen Ereignissen vergeht:
  for half an hour, just two minutes later, …
- zu verdeutlichen, wie langsam oder schnell etwas passiert:
  immediately, it took hours, faster than I could look, …
- zu sagen, wenn etwas zeitgleich passiert:
  while I was waiting, during the lesson, as we came round the corner, …
- die Ereignisse eines Textes/einer Geschichte zeitlich einzuordnen:
  two summers ago, last Halloween, on my way home from school yesterday, …

SF 6 Making an outline

In einem Bericht geht es darum, dem Leser übersichtlich und gut verständlich Fakten darzustellen, z. B. zu einem Ereignis oder einem Vorfall.

Wenn du einen Bericht schreiben sollst, kann es helfen, schon in der Planungsphase (➔ *SF 3*) eine Gliederung zu erstellen, die die zwei wichtigsten Punkte bei einem Bericht schon berücksichtigt: eine gute Struktur und die Beantwortung der *wh*-Fragen. Damit leistest du schon eine Menge Vorarbeit und erleichterst dir das Schreiben.

STRUKTUR DER GLIEDERUNG

Wie jeder Text sollte ein Bericht aus einer Überschrift, einer Einleitung, einem Hauptteil und einem Schluss bestehen. (➔ *SF 4*)

In einer Gliederung kannst du diese Struktur schon anlegen und für jeden Textteil eine Überschrift notieren sowie Stichwörter dazu ergänzen. Wenn du viele Informationen im Hauptteil unterbringen möchtest, verwende auch Unterüberschriften.

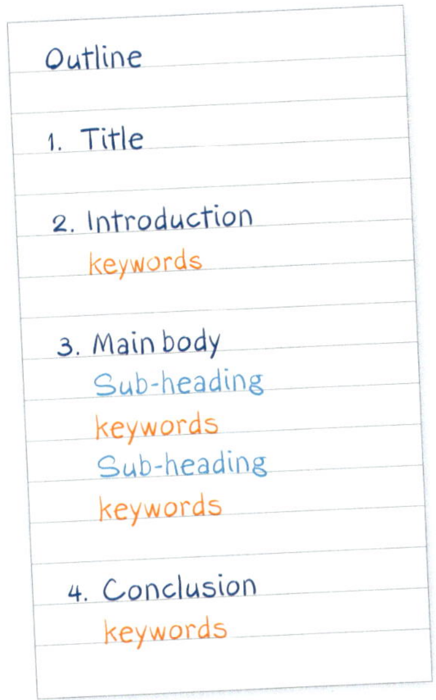

KEYWORDS

In der Einleitung eines Berichtes sagst du kurz, was passiert ist. Dabei kannst du schon knapp die wichtigsten *wh*-Fragen beantworten, bevor du im Hauptteil näher darauf eingehst.

In deiner Gliederung solltest du deswegen unter dem Abschnitt *Introduction* deine Stichworte auf die Fragen Who?, What?, When?, Where? und Why? konzentrieren.

Im Hauptteil eines Berichtes stehen dann die Details des Ereignisses, meist in chronologischer Reihenfolge. Hier werden also die *wh*-Fragen genauer beantwortet, deswegen solltest du in der Gliederung unter dem Abschnitt *Main body* weitere Stichworte zu den einzelnen Fragen sammeln.

Im Schlussabsatz bringst du deinen Bericht zu einem guten, runden Abschluss. In der Gliederung solltest du dir dafür nicht mehr als ein oder zwei Stichworte notieren.

TIPP

Ein Bericht soll objektiv sein und Fakten darstellen. Konzentriere dich bei deinen *keywords* in der Gliederung darauf, die 5 *wh*-Fragen zu beantworten:

- What happened?
- Who did what?
- When did it happen?
- Where did it happen?
- Why did it happen?

Denk daran, dass ein Bericht im *simple past* geschrieben wird. Du solltest also deine Stichworte auch gleich so notieren.

SF 7 Writing a summary

Wenn du eine Zusammenfassung schreiben sollst, ist es wichtig, den Text gut zu kennen. Erst dann kannst du entscheiden, welche Aspekte so wichtig sind, dass sie in deiner Zusammenfassung erwähnt werden sollten – und welche nicht.
Die folgenden Schritte können dabei helfen:

PLANUNGSPHASE

Step 1: Lies den Text genau. Mach dir Notizen (➔ *SF 25*) oder markiere wichtige Stellen im Text (➔ *SF 2*).

Step 2: Beantworte die *wh*-Fragen Who? What? Where? When? Why? zum Text.
Du kannst dir dazu Stichworte am Rand machen.

Who? Who does something? Who is the text about?

What? What happens? What does person X do?

Where? Where does it take place?

When? When does it take place?

Why? Why does person X act this way? Why does something happen?

Step 3: Entscheide, welche Textteile wichtige Informationen enthalten. Beispiele, Vergleiche, direkte Rede oder Zahlen und Ähnliches gehören nicht in eine Zusammenfassung.

TIPP
Du kannst Teile, die für deine Zusammenfassung überflüssig sind, im Text einklammern.

SCHREIBPHASE

Step 1: Schreib einen ersten Entwurf deiner Zusammenfassung:

- Beginne mit einer Einleitung, in der wichtige Informationen wie z. B. Titel, Autor/in, Thema und Hauptaussage des Textes stehen. Wenn du einen Zeitungsartikel zusammenfasst, solltest du hier auch die Quelle nennen.
- Verwende das simple present, egal in welcher Zeitform der Originaltext geschrieben ist.
- Kopiere nicht den Text, sondern benutze deine eigenen Worte.

Step 2: Überarbeite deine Zusammenfassung:

- Hast du alle wichtigen Aspekte genannt?
- Hast du unwichtige Details weggelassen?
- Ist dein Text durchgängig im *simple present*?
- Hast du deine Textteile gut verbunden? Ist dein Text logisch aufgebaut und gut zu verstehen?
- Vergiss auch nicht, den Text auf Rechtschreibung und Zeichensetzung zu checken. (➔ *SF 8*)

TIPP
Folgende *phrases* können dir bei der Einleitung helfen:
- The story/text is about …
- The text deals with …
- The topic of the text is …
- The article/text shows …

SF 8 Revising texts

Egal, ob du eine Rückmeldung von einem Partner/einer Partnerin bekommen hast oder nicht – einen Text solltest du auf jeden Fall noch einmal gut prüfen, bevor du ihn deinem Lehrer/deiner Lehrerin übergibst.

TEXTÜBERARBEITUNG

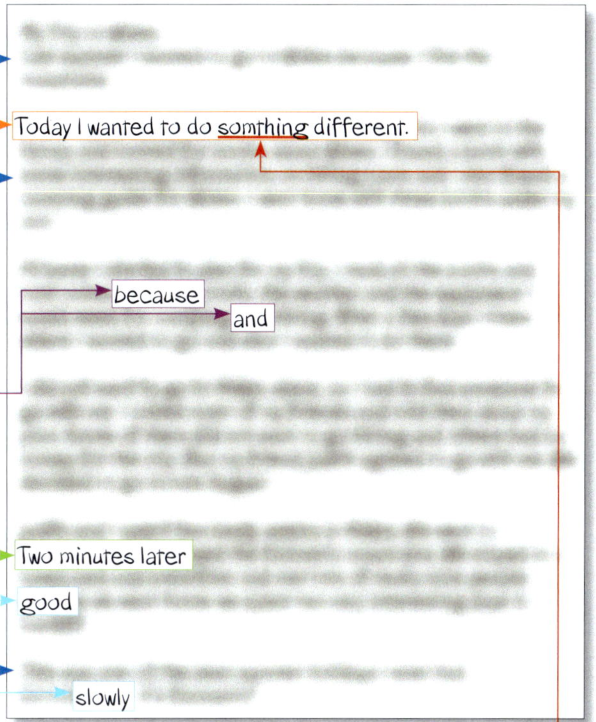

1. **Stimmt die Struktur?**
   Jeder Text braucht
   - eine Einleitung, die in das Thema einführt,
   - einen Hauptteil, der das Thema ausführt,
   - einen Schluss, der alles auf den Punkt bringt.

   (➜ *SF 4)*

2. **Stimmt der Aufbau der Absätze?**
   Jeder Absatz
   - befasst sich mit einem zusammenhängenden Gedanken,
   - beginnt mit einem ***topic sentence***, der diesen Gedanken einführt.

   (➜ *SF 4)*

3. **Stimmen die Verknüpfungen?**
   Gute *linking words*
   - schaffen Verbindungen zwischen Sätzen oder Satzteilen,
   - helfen, Zusammenhänge besser darzustellen und verständlich zu machen.

   (➜ *SF 5)*

4. **Sind die Zeitangaben richtig gesetzt?**
   Time markers
   - helfen, sich z. B. in einer Geschichte zurechtzufinden,
   - machen das Geschehen anschaulicher.

   (➜ *SF 6)*

5. **Enthält der Text Adjektive und Adverbien?**
   Adjektive und Adverbien
   - erlauben nähere Beschreibungen von Personen und Dingen,
   - machen Texte anschaulicher.

   (➜ *SF 5)*

6. **Hat der Text sprachliche/grammatikalische Fehler?**
   Überprüfe deinen Text
   - auf Rechtschreibung,
   - auf grammatische Formen, z. B. Verbformen, Satzbau *(word order)* usw.

FEHLERPROTOKOLL

Die Fehler in einem Text zu finden und zu korrigieren ist eine Sache, aber es wäre natürlich noch viel besser, dieselben Fehler nicht wieder zu machen.

Dabei hilft ein Fehlerprotokoll, in dem du dir die wichtigsten Fehler – diejenigen, die du immer wieder machst – notierst und dir immer wieder veranschaulichst. Dieses Fehlerprotokoll kann ein kleines Extra-Heft sein oder auch eine Sammlung von Klebezetteln, die du dir über deinen Schreibtisch hängst.

Hauptsache, es ist etwas, das du dir immer wieder schnell angucken kannst, wenn du einen Text schreiben sollst.

TIPP
Häufige Fehlerquellen sind z. B.
- Groß-/Kleinschreibung
- Wörter, die gleich klingen, aber unterschiedlich geschrieben werden: *your/you're*
- Verwendung des Apostrophs
- Bildung der Zeitformen der Verben: *stop ⟶ stopping, try ⟶ tries*
- Wörter mit „stummen" Buchstaben: *walk, talk, know*

MEDIATION SKILLS

SF 9 Mediating written or spoken information

Nicht jeder spricht und versteht sowohl Deutsch als auch Englisch; daher kann es vorkommen, dass du in bestimmten Situationen für Andere zwischen den Sprachen vermitteln musst – das nennt man dann Mediation oder Sprachmittlung.

Wie und was genau du vermitteln musst, hängt von der Situation ab und auch davon, ob du den Inhalt eines geschriebenen Textes wiedergeben oder zwischen zwei Sprechern vermitteln sollst.

Sprachmittlung bedeutet nicht Übersetzen (von Texten) oder Dolmetschen (bei Unterhaltungen), sondern das sinngemäße Übertragen von Inhalten in die andere Sprache.

MEDIATING WRITTEN OR SPOKEN INFORMATION

Wenn du Informationen in einer anderen Sprache wiedergeben sollst, geht es nicht darum, alles zu übersetzen, sondern es kommt darauf an, die wichtigsten Informationen herauszusuchen. Oft stellt dir die Person, für die du die Informationen wiedergibst, gezielte Fragen zum Text, sodass du weißt, worauf du achten musst.

Written information

- Scanne den Text gezielt nach den geforderten Informationen. (➜ *SF 1*)
- Mach dir keine Sorgen, wenn du nicht jedes Wort verstehst. Das ist oft nicht nötig, um die wichtigen Punkte zu verstehen und wiederzugeben.
- Wenn der Text länger ist und du viele Informationen im Blick behalten musst, markiere die wichtigsten Textstellen. (➜ *SF 2*)
- Mach dir Notizen in deinen eigenen Worten. (➜ *SF 25*)

Spoken information

- Achte beim Hören gezielt auf die gesuchten Informationen. (➜ *SF 14*)
- Mach dir Notizen. (➜ *SF 25*)
- Überlege, wie du deine Notizen am besten in der anderen Sprache wiedergeben kannst.

TIPP
Bei Mediation im Unterricht hast du in der Regel eine Aufgabenstellung, die dir sagt, worauf du beim Lesen oder Hören achten musst bzw. welche Stellen du wiedergeben sollst. Konzentriere dich beim Lesen des Textes auf diese Stellen *(scanning)* bzw. mache dir gezielt zu diesen Stellen Notizen.

TIPP
Wenn du den Inhalt eines Texts schriftlich in einer anderen Sprache wiedergeben sollst, achte darauf, dass deine Mediation nicht länger ist als ca. 35-40% des Originaltextes, ähnlich wie bei einer *summary*. (➜ *SF 7*)

SF 10 Selecting relevant information

Manchmal gibt es keine gezielten Fragen oder Aufgabenstellungen, die dir sagen, welche Informationen du aus einem Text heraussuchen und wiedergeben sollst. In der Regel hast du aber trotzdem Anhaltspunkte, die sich aus der Situation ergeben oder aus dem, was dir dein Gegenüber erzählt hat.

Wenn du in einer solchen Situation bist, helfen folgende Hinweise:

- Analysiere die Situation, um abzuschätzen, um welche Informationen es gehen könnte (Restaurant, Bahnhof, Flughafen usw.).
- Wenn du unsicher bist, frage nach.
- Übersetze wichtige Stichworte direkt, wenn du die Wörter kennst.
- Umschreibe Begriffe, die du nicht kennst. (➜ *SF 18*)

TIPP
Wenn du Informationen wiedergibst, kannst du oft Details zu einem Begriff zusammenfassen. Wenn z. B. in einem Text twitter, facebook und Pinterest vorkommen, kannst du *social media* sagen anstatt alle aufzuzählen.

SF 11 Paraphrasing

Es fällt dir eventuell manchmal schwer, mündliche Aussagen oder Texte in Englisch wiederzugeben, z. B. weil

- dein Wortschatz nicht ausreicht
- dir bekannte Wörter „im Stress" der Situation nicht einfallen
- oder spezielle Fachbegriffe auftauchen.

Wenn dir das passiert, dann solltest du versuchen, diese Wörter zu umschreiben, z. B. mithilfe von Relativsätzen wie:

It's somebody/a person who …
It's something that you use to …
It's an animal that …
It's a place that/where …

TIPP
Oft helfen beim Umschreiben auch Synonyme (gleiche Bedeutung) oder Antonyme (gegenteilige Bedeutung). Wenn du die weißt, kannst du z. B. sagen:
- It's the same as …
- It's the opposite of …

SF 12 Cultural differences

Wenn du anderen Menschen hilfst, Texte oder Gehörtes zu verstehen, kann es neben Wortschatzproblemen auch noch andere Schwierigkeiten geben. Diese sind häufig in kulturellen Unterschieden begründet. Um hier helfen zu können, musst du dir beim Sprachmitteln bewusst machen, dass dein Gegenüber evtl. bestimmte Dinge nicht weiß, die für dich selbstverständlich sind, oder dass er/sie dich nicht sofort versteht, obwohl du den Inhalt korrekt übertragen hast.

Dinge, die häufig zu Missverständnissen führen, sind z. B.
- Temperaturen: 30 Grad bei uns sind heiß, in den USA eher kalt, weil in den USA Temperaturen in Fahrenheit angegeben werden, nicht in Celsius.
- Längenangaben/Geschwindigkeit: Bei uns wird das metrische System verwendet (Meter, Kilometer usw.), in den USA das *imperial system* mit *inch*, *yard* und *mile*. Das kann auch bei Geschwindigkeitsangaben zu Verwirrung führen, denn 75 *mph* (Meilen pro Stunde) sind z. B. ca. 120 km/h.

Am besten ist es, wenn du immer noch mal höflich nachfragst, ob dein Gegenüber alles verstanden hat. Wenn du dann feststellst, dass es zu einem Missverständnis gekommen ist, dann kannst du folgende Dinge probieren:
- Frage höflich nach, wo das Missverständnis ist.
- Versuche, das Missverständnis durch eine neue Erklärung zu beseitigen.
- Ergänze deine Erläuterung evtl. mit Hintergrundinformationen: Es kann sein, dass du bestimmte Dinge, die für dich völlig normal sind, erklären musst (wie z. B. Mülltrennung oder das Benutzen des Nahverkehrs).
- Sei auch offen für die Erklärungen, die du evtl. im Gegenzug bekommst – hier kannst du Dinge über das Land deines Gegenübers lernen.

LISTENING AND SPEAKING SKILLS

SF 13 Communicating in everyday situations

Es ist nicht immer einfach, sich mit Menschen aus anderen Ländern zu unterhalten. Neben der Sprachbarriere gibt es oft auch kulturelle Unterschiede (➜ *SF 12*), wie das folgende Beispiel zeigt.

Lies dieses Gespräch zwischen Paul, einem deutschen Schüler, und seinem Austauschpartner Jack in den USA:

Jack: How's your school at home?
Paul: It's okay.
Jack: Oh … good. What are your favorite subjects?
Paul: Er, I don't know.
Jack: Oh, well. Maybe you'll enjoy our school too.
Paul: Maybe.
Jack: Er … want to play a game?

Das Gespräch kommt nicht so richtig in Gang, und Jack gibt irgendwann auf. Wenn man aber einige Regeln beachtet, werden Unterhaltungen einfacher und für beide Parteien erfreulicher. Vergleiche das folgende Gespräch mit dem obigen:

Jack: How's your school at home?
Paul: I like it … but of course I don't like all my teachers.
Jack: Yeah, I think that's normal. What are your favorite subjects?
Paul: I'm not sure. I like history and maths, but art and German are okay too.
Jack: Ah, my favorite subject is English. Anyway, I'm sure you'll enjoy our school too. Our history teacher is pretty cool. Have you met any of the teachers yet?
Paul: No, not yet, but I think …

Die folgenden Schritte helfen dir, wenn du dich freundlich und flüssig unterhalten willst:

Step 1: Beginne freundlich, z. B. mit etwas, was beide Gesprächspartner verbindet (der Ort, die Situation usw.).

Step 2: Halte die Unterhaltung am Laufen:
- zeige dein Interesse, indem du Fragen stellst
- vermeide einsilbige Antworten, um nicht desinteressiert oder unfreundlich zu wirken
- wenn du etwas nicht verstehst, frage nach
- wenn du etwas nicht sagen kannst, versuche es zu umschreiben oder bitte deinen Gesprächspartner um Hilfe

Step 3: Beende das Gespräch so freundlich, wie du es angefangen hast:
- bedanke dich, wenn du um Hilfe gebeten hast
- verabschiede dich freundlich

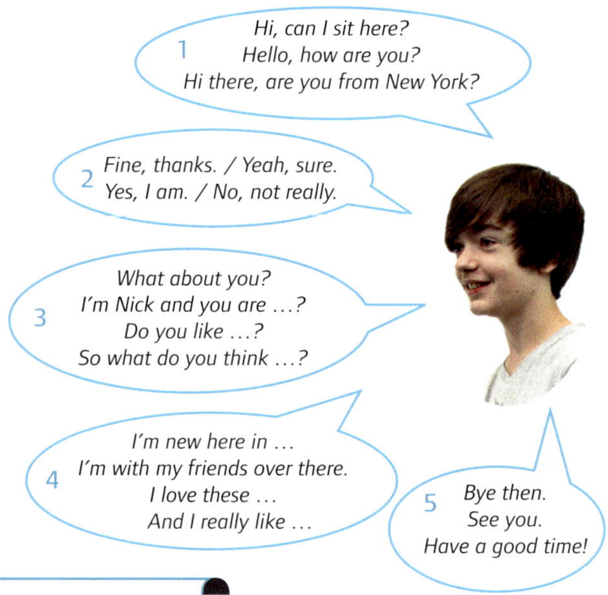

TIPP
Mach dir vor dem Gespräch klar, mit wem du redest. Wenn du mit einem gleichaltrigen Jugendlichen sprichst, kannst du viel informeller sprechen als wenn du mit jemand Älterem sprichst. Überlege auch, ob es kulturelle Unterschiede gibt (➜ *SF 12*) und passe deine Sprache entsprechend an.

SF 14 Listening

Wenn du Englisch hörst, kann es sein, dass du entweder Details heraushören musst (listening for detail), z. B. bei Ansagen am Bahnhof, oder generell verstehen musst, um was es geht (listening for gist) wie z. B. bei einem Film oder Hörbuch.

LISTENING FOR DETAIL

- Wenn du Details heraushören sollst, überleg dir vorher, welche Informationen du verstehen musst. Bei einem Wetterbericht sind das z. B. Beschreibungen wie sunny, dry, cloudy, chance of rain etc., bei Bahnhofsansagen z. B. Wörter wie train, platform oder Orte und Zeiten. Achte beim Hören dann verstärkt auf diese Wörter und notiere sie. (➜ *SF 25*)
- Je nachdem, welche Details du heraushören sollst, können auch Signalwörter helfen, dem Inhalt zu folgen und dich auf die Details zu konzentrieren:
  - Gründe, Folgen: because, so, so that, …
  - Vergleiche: larger/older/… than, as … as, more, most, …
  - Reihenfolge: before, after, then, next, later, …

TIPP
- Oft kannst du die Menschen um dich herum fragen, wenn du nicht alles richtig verstanden hast – z.B. bei Durchsagen am Bahnhof.
- In einer Unterhaltung kannst du deinen Gesprächspartner bitten, Sachen zu wiederholen oder zu erklären.

LISTENING FOR GIST

- Wenn du verstehen sollst, worum es generell geht, dann brauchst du dir keine Sorgen zu machen, wenn du nicht jedes Wort verstehst – du musst nicht alles verstehen, um der Grundaussage folgen zu können.
- Überlege dir im Vorfeld, um was es gehen könnte (z. B. anhand einer Aufgabenstellung oder anhand des Themas) und konzentriere dich darauf.
- Versuche, von den Sachen, die du verstehst, auf Sachen zu schließen, die noch kommen könnten.

TIPP
Beim Listening im Unterricht kannst du Texte oft zweimal hören und hast weitere Hilfen:
- Sieh dir die Aufgabenstellung an: Was sollst du heraushören?
- Sieh dir Titel und Bilder an.
- Vergleiche nach dem Hören mit einem Partner, was ihr verstanden habt.
- Vervollständige deine Notizen sofort.

PROJECT AND PRESENTATION SKILLS

SF 15 Teamwork

Bei Projekten arbeitet ihr oft im Team. Dabei solltet ihr eure unterschiedlichen Fähigkeiten und Talente einbringen und bestimmte Regeln beachten. Folgende Schritte können helfen, die Arbeit zu organisieren:

Step 1: Legt Regeln für die Arbeit in der Gruppe fest, z. B. gegenseitige Unterstützung, pünktliches und zügiges Arbeiten, einander zuhören oder verschiedene Lösungen diskutieren usw.

Step 2: Sammelt Ideen für die Bearbeitung eures Themas (z. B. in einer Mindmap). Wählt gemeinsam Unterthemen aus und legt die Arbeitsschritte fest, die für die Bearbeitung nötig sind.

Step 3: Verteilt Rollen und Aufgaben nach euren Interessen und Fähigkeiten. Wenn ihr euch nicht einigen könnt, hilft Auslosen oder Würfeln. Folgende Rollen solltet ihr auf jeden Fall verteilen:
- coordinator
- writer
- researcher

Step 4: Macht einen Zeitplan für eure Arbeiten, an den sich alle halten.

Step 5: Am Ende der Arbeit sollte ein Rückblick stehen: Besprecht, was gut war und wo ihr Verbesserungsmöglichkeiten seht.

SF 16 Giving a presentation

Ob in der Schule oder später im Beruf, die Kunst, eine gut vorbereitete und gut strukturierte Präsentation halten zu können, ist sehr wichtig. Die folgenden Schritte helfen dir dabei.

PLANUNGSPHASE

Step 1: Recherchiere dein Thema (➜ *SF 19*) und mach dir Notizen, am besten gleich auf Englisch (➜ *SF 25*).

Step 2: Strukturiere die Informationen, z. B. mit einer Gliederung. (➜ *SF 6*)

Step 3: Wähle eine Form der Präsentation aus, die das Thema gut veranschaulicht (Poster, Folie, …). Gestalte dein Poster/deine Folie.

Step 4: Bereite deine Notizen für die Präsentation vor, z. B. auf nummerierten Karteikarten. Verwende nur Stichworte.

Step 5: Wenn du in einem Team arbeitest, entscheidet gemeinsam, wer welchen Teil der Präsentation übernimmt. (➜ *SF 15*)

Step 5: Übe deine Präsentation zu Hause vor einem Spiegel oder vor einem kleinen Publikum (Eltern, Großeltern, Freunde).

TIPP
Um ein gutes Poster zu gestalten, solltest du Folgendes beachten:
- Wähle eine passende Überschrift.
- Schreibe groß und für alle gut lesbar.
- Ergänze den Text mit passenden Bildern, wenn es hilft, die Inhalte zu veranschaulichen.

HALTEN DER PRÄSENTATION

Step 1: Warte, bis es ruhig ist. Schau die Zuhörer/innen an. Erkläre, worüber du sprechen wirst und wie deine Präsentation aufgebaut ist.

Step 2: Sprich langsam und deutlich und möglichst frei. Lies nicht von deinen Notizen ab.

Step 3: Beende deine Präsentation mit einer kleinen Zusammenfassung der wichtigsten Punkte. Bedanke dich fürs Zuhören und frag, ob jemand Fragen hat.

My presentation is about … First I'd like to talk about …

Here's a new word. It is … in German.

On my poster you can see a photo of … The mind map shows …

That's the end of my presentation. Do you have any questions?

SF 17 Describing and presenting pictures

Manchmal sollst du ein Foto vor der Klasse vorstellen. Hier sind ein paar Hilfen.

Step 1: Stelle das Foto vor und sage, woher es kommt.

Step 2: Beschreibe das Foto:
- Sage, was wo zu sehen ist: at the top/bottom · in the foreground/background · in the middle · on the left/right
- Diese Präpositionen sind auch hilfreich: behind · between · in front of · next to · under · above
- Geh bei der Beschreibung in einer bestimmten Reihenfolge vor, z. B. von links nach rechts oder von oben nach unten.

Step 3: Sage, was dir an dem Foto gefällt oder nicht.

Step 4: Wenn du fertig bist, bedanke dich fürs Zuhören und frage, ob noch jemand Fragen hat.

1 *I'd like to talk about this photo of … I found it on the internet/in a magazine/…*

2 *In the foreground you can see … I think the people in the photo are talking about …/having fun/celebrating/…*

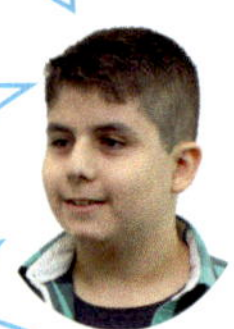

3 *I really like/don't like the photo because … It's interesting/boring/exciting/ … because …*

4 *Thank you for listening. Do you have any questions?*

SF 18 Giving feedback

Gegenseitige Rückmeldungen sind für dich und deine Partner wichtig. Wenn du jemandem eine Rückmeldung gibst, gelten dafür grundsätzlich bestimmte Regeln, egal ob du nun Feedback zu einem Text oder einer Präsentation gibst.

Diese Dinge solltest du beachten:

- Lies den Text sorgfältig durch oder höre der Präsentation gut zu.
- Bei Feedback zu einer Präsentation mach dir Notizen zu den Punkten, auf die du achten sollst, z. B. Inhalt, Struktur, Sprache, Verständlichkeit des Vortrags. Wenn du einen Feedbackbogen hast, kannst du deine Notizen gleich darauf festhalten.
- Bei Feedback zu einem Text lies den Text noch einmal genau und achte dabei besonders auf Inhalt, Struktur, Wortwahl, Grammatik und Rechtschreibung. Wenn du einen Feedbackbogen hast, mach dir darauf Notizen (siehe rechts).
- Begründe deine Einschätzungen.
- Gib deine Rückmeldung mit Respekt – niemand soll sich angegriffen fühlen. Nenne zuerst Gelungenes und mache dann Verbesserungsvorschläge zu Punkten, die aus deiner Sicht noch nicht so gelungen sind.
- Wenn du eine Rückmeldung bekommst, überdenke die Vorschläge gut. Korrigiere die Fehler, die andere gefunden haben, und arbeite an den Stellen nach, wo du eventuell Probleme hattest.

PEER FEEDBACK CHECKLIST

	☺☺	☺	😐	☹
Content				
Lena's text is:				
· interesting			✓	
· exciting				✓
· funny				✓
· ______				
· easy to understand.		✓		
Language				
You connected short sentences with linking words.		✓		
You connected short sentences with relative clauses.		✓		
You used different adjectives in your description of places, people and things.			✓	
You used time phrases to show the order of events.		✓		
You chose interesting words.				✓
You used adverbs.			✓	

SF 19 Internet research (Finding information for a presentation)

Das Internet ist voller Informationen, und es ist nicht einfach, genau die Informationen zu finden, die du benötigst.

Step 1: Überlege dir gute Stichwörter für dein Thema. Für „Music in New Orleans" wären *music* und *„New Orleans"* ein guter Start.

Step 2: Gib deine Stichwörter in eine Suchmaschine ein. Je mehr gute Stichwörter du eingibst, desto genauer sind die Ergebnisse. Die Infografik rechts hilft dir, wenn du ganz spezielle Informationen suchst.

Step 3: Sieh dir mehrere Suchergebnisse an, um zu sehen, ob sie passen (➜ *SF 1*).

Step 4: Achte darauf, wer die Webseite erstellt hat, um die Qualität der Suchergebnisse einzuschätzen. Sind sie eher zuverlässig (Online-Lexikon, Medien, …) oder eher persönliche Meinungen (Forum, Fan-Seite, …)?

Step 5: Kopiere nicht einfach ganze Artikel aus dem Internet. Mach dir Notizen und verwende deine eigenen Worte, um die Inhalte wiederzugeben. (➜ *SF 25*)

Step 6: Setz dir ein Zeitlimit für deine Recherche und ordne dann dein Material. Prüfe, ob etwas fehlt, und suche dann ggf. gezielt nach diesen Informationen.

Step 7: Leg alle interessanten Materialien zu deinem Thema in einem eigenen Ordner ab. Dann kannst du sie dir später genauer ansehen und auswählen, was du nutzen möchtest.

Internet research
Tipps und Tricks

Wenn du ganz spezifische Informationen suchst, helfen diese Tricks:

Was du suchst: Artikel aus dem *Guardian* von 2000–2014 über den Liverpool FC in der Champions League.

Wie du danach suchst:

site:theguardian.com "Liverpool FC" "champions league" 2000..2014

site:	**" "**	**..**
sucht nur auf der genannten Seite	sucht den exakten Begriff	zeigt nur Ergebnisse aus diesem Zeitraum

Was du suchst: Einen englischsprachigen Bericht, am liebsten als PDF, über den Lebensraum von Füchsen.

Wie du danach suchst:

filetype:pdf intitle:habitat of *fox

filetype:	**intitle:**	*****
sucht nur diesen Dateityp (pdf, doc, jpg usw.)	zeigt nur Ergebnisse, in denen dieses Wort im Titel auftaucht	sucht auch Worte wie Red Fox, Black Fox, Desert Fox usw.

VIEWING SKILLS

SF 20 Viewing

Wenn du verstehst, wie Filmtechniken eingesetzt werden, um beim Zuschauer z.B. Angst, Freude, Spannung oder Lachen auszulösen, bekommst du ein besseres Verständnis dafür, wie Filme funktionieren.

Es gibt viele verschiedene Elemente, die die Atmosphäre und die Wirkung eines Filmes beeinflussen:

- Genre: Handelt es sich um einen Dokumentarfilm (documentary), einen Spielfilm (feature film) wie z. B. thriller, science-fiction/sci-fi movie, comedy oder ein drama? Oder ist es ein Videoclip oder ein Werbefilm?
- Story: Wo und wann spielt der Film (setting)? Besetzung der Rollen (cast), Schauplatz (location), Handlung (plot).
- Camera: Erst durch die Bilder der **Kamera** ist der Zuschauer in der Lage, einen Film wahrzunehmen. Die Kamera stellt das Blickfeld her und begrenzt es gleichzeitig, z. B. hinsichtlich der Beziehung der Charaktere zueinander. Auch die Stimmung oder Spannung in einer Szene wird von der Kameraführung beeinflusst. Dafür gibt es z. B. folgende Mittel:
  - Shots: Die **Kameraeinstellung** beeinflusst, wie man Szenen wahrnimmt, ob z. B. Personen oder Objekte als Nahaufnahme (close-up), aus der mittleren Distanz (medium shot) oder als Totale (long shot) gefilmt sind.
  - Editing: Filme werden in der Regel nicht chronologisch gedreht und auch nicht nur mit einer einzigen Kamera, d. h. am Ende der Dreharbeiten müssen viele einzelne Shots zu einem Film zusammengefügt werden. Dieser **Filmschnitt** bestimmt, wie eine Szene wirkt. Er bestimmt den Rhythmus – lange Einstellungen mit wenigen Schnitten wirken eher ruhig, können aber auch große Spannung erzeugen, während schnelle, harte Schnitte eher actiongeladen wirken. Wie genau eine Szene wirkt, hängt oft auch vom Zusammenspiel von Schnitt und Musik ab.
- Soundtrack: Die **Musik**, die für eine Szene gewählt wird, hat großen Einfluss darauf, wie man die Szene wahrnimmt. Eine Actionszene wird meist mit schneller, lauter Musik unterlegt, eine romantische Szene eher mit ruhiger, leiser Musik. Dies geschieht, um die Wirkung des Gesehenen zu verstärken.

long shot

medium shot

close-up

VIEWING LOG

Wenn du eine Szene oder einen ganzen Film sehr intensiv analysieren möchtest, hilft es, ein Filmtagebuch (viewing log) anzulegen, in dem du die Handlung oder einzelne wichtige Szenen sowie deine Reaktion darauf festhältst.

Das Filmtagebuch kann z. B. eine simple, zweispaltige Tabelle sein:
Spalte 1: What you noticed – images, sounds, dialogue, lighting, costumes, mood, characterization, plot, etc.
Spalte 2: Your reaction – What did you think? How did the scene make you feel?

TIPP

Wenn du über Filme sprechen möchtest, können dir folgende Redewendungen helfen:

- The film is about ... / shows ... / tells the story of ...
- The music creates/builds/supports tension/ suspense/joy ...
- The actor's body language helps to create a feeling of happiness/joy/anger/suspense ...
- In this scene the music/effects/camera angle ... supports the plot /mood of the scene / ...
- The camera movement creates a feeling of ...
- The camera work/soundtrack helps to ...
- The close-ups show his/her feelings.

STUDY SKILLS

SF 21 Dealing with unknown words

Nachschlagen kostet Zeit und ist auch nicht immer nötig. Die folgenden Tipps können dir dabei helfen, unbekannte Wörter in einem Text auch ohne ein Wörterbuch zu erschließen:

- Sieh dir die Überschrift, die Zwischenüberschriften und Bilder sowie den Kontext an. Beispiel: *Let's hurry. The train* ***departs*** *in ten minutes.*
- Wenn du einen Teil des Wortes kennst, kannst du oft die Bedeutung erschließen, z.B.
  knowledge = things someone knows
  bottle opener = something you use to open bottles
- Viele englische Wörter haben eine Ähnlichkeit zu deutschen Wörtern (z.B. *brochure, statue, insect)* oder Wörtern aus anderen Sprachen, z.B. *voice (French: voix; Latin: vox).*

TIPP
Nicht alle Wörter, die im Deutschen und Englischen ähnlich sind, haben auch dieselbe Bedeutung.
Achte daher auf false friends:
handy = praktisch, *nicht* Handy

SF 22 Using a dictionary

Es gibt unterschiedliche Wörterbücher, in denen du nachschlagen kannst. Wenn du die Bedeutung eines unbekannten Wortes nachschlagen willst, dann benutzt du am besten ein zweisprachiges Wörterbuch (Englisch-Deutsch bzw. Deutsch-Englisch). Wenn du mehr Informationen zu englischen Wörtern haben möchtest, etwa Beispielsätze, Definitionen oder Alternativen, dann bietet sich ein einsprachiges Wörterbuch an.

ZWEISPRACHIGE WÖRTERBÜCHER

Die Leitwörter *(running heads)* oben auf der Seite helfen dir, schnell zu finden, was du suchst. Auf der linken Seite steht das erste Stichwort, auf der rechten Seite das letzte Stichwort der Doppelseite.

- *resign* ist das Stichwort *(headword)*. Stichwörter sind alphabetisch geordnet: *r* vor *s*, *ra* vor *re*, *rhe* vor *rhi* usw.
- Die kursiv gedruckten Hinweise helfen dir, die für deinen Text passende Bedeutung zu finden.
- Die Ziffern 1, 2 usw. zeigen, dass ein Stichwort unterschiedliche Bedeutungen haben oder unterschiedlichen Wortarten angehören kann (z. B. Adjektiv, Nomen, Verb).
- Beispielsätze und Redewendungen sind dem Stichwort zugeordnet.
- Unregelmäßige Verbformen, besondere Pluralformen, die Steigerungsformen der Adjektive und ähnliche Hinweise stehen oft in Klammern oder sind kursiv gedruckt.
- Die Lautschrift gibt Auskunft darüber, wie das Wort ausgesprochen und betont wird.

resort

resign /rɪˈzaɪn/
1 BERUF • *als Vorsitzender usw* zurücktreten: *He resigned from the company.* Er verließ das Unternehmen.
2 (*job, post*) aufgeben (*Stelle, Posten*)
3 **resign oneself to something** sich mit etwas abfinden
resignation /ˌrezɪɡˈneɪʃn/
1 BERUF • *bei Unternehmen* Kündigung; *von Minister usw* Rücktritt
2 **hand in one's resignation** *von Angestelltem* kündigen; *von Minister usw* sein Amt niederlegen
3 *Gemütszustand* Resignation
resigned /rɪˈzaɪnd/ (*look, sigh*) resigniert

resit[1] /ˌriːˈsɪt/ *Verb* (→ *sit*) *BE* (*exam*) wiederholen (*Prüfung*)
resit[2] /ˈriːsɪt/ *Substantiv* • *BE* Wiederholungsprüfung
resolution /ˌrezəˈluːʃn/
1 POLITIK Beschluss, Resolution
2 *bei Problem, Streit* Lösung
3 ≈ *Entschiedenheit* Entschlossenheit

TIPP
Wenn du ein Online-Wörterbuch verwenden möchtest, erkundige dich vorher bei deinem Lehrer/deiner Lehrerin, welche zu empfehlen sind, denn nicht alle sind gleich gut. Fast alle funktionieren aber nach den gleichen Prinzipien wie gedruckte Wörterbücher.

EINSPRACHIGE WÖRTERBÜCHER

Wenn du selbst einen englischen Text schreibst, kannst du ein einsprachiges englisches Wörterbuch zu Hilfe nehmen. Hier findest du mehr über ein englisches Wort heraus als in einem zweisprachigen Wörterbuch:

- Ein einsprachiges Wörterbuch erklärt die Bedeutung eines englischen Wortes auf Englisch. Da manche Wörter mehrere Bedeutungen haben, ist es wichtig, alle Einträge und Beispielsätze zu einem Wort zu lesen und mit deinem englischen Text zu vergleichen, um die korrekte Bedeutung herauszufinden.
- Das Wörterbuch hilft dir, die passende Verbindung mit anderen Wörtern zu finden, z. B. zu Verben, Präpositionen oder in bestimmten feststehenden Wendungen. Das ist nützlich, wenn du selbst einen englischen Text schreiben willst und nach den richtigen Wörtern suchst.

deadly ['dedli] *adj*
1 *able or likely to kill people* {= lethal}: This is no longer a deadly disease.
deadly to The HSN virus is deadly to chickens.
a deadly weapon The new generation of biological weapons is more deadly than ever.
2 (*only before noun*) {= complete}:
deadly silence There was deadly silence after his speech.
a deadly secret Don't tell anyone – this is a deadly secret.
deadly serious *completely serious*: Don't laugh – I am deadly serious!
3 (*informal*) *very boring*: Many TV programmes are pretty deadly!

SF 23 Ordering and structuring vocabulary

Wenn du einen Text zu einem bestimmten Thema schreiben sollst, ist es nützlich, vorab Vokabeln zu sammeln und zu ordnen, damit dein Text einen abwechslungsreichen Wortschatz hat und sich gut liest. Oft wird auch schon beim Sammeln eine Gliederung des Themas erkennbar. Dadurch merkst du auch schnell, welche Wörter du ggf. noch in einem Wörterbuch nachschlagen musst.

Diese Art, Wortschatz zu sammeln und zu ordnen, hilft dir auch Vokabeln zu lernen oder zu wiederholen und sie zu vernetzen, sodass sie besser in deinem Gedächtnis bleiben.

WORTSCHATZ STRUKTURIEREN

Für das Ordnen von Wortschatz gibt es verschiedene Möglichkeiten. Du solltest unterschiedliche Formen ausprobieren und dann diejenige verwenden, die am besten zu dir oder der Aufgabe passt.

school		
people	things	timetable
teachers	...	...
...		

Einige der Formen, die du nutzen kannst, sind:

- Tabellen (tables)
- Diagramme (z. B. tree diagrams)
- Mindmaps

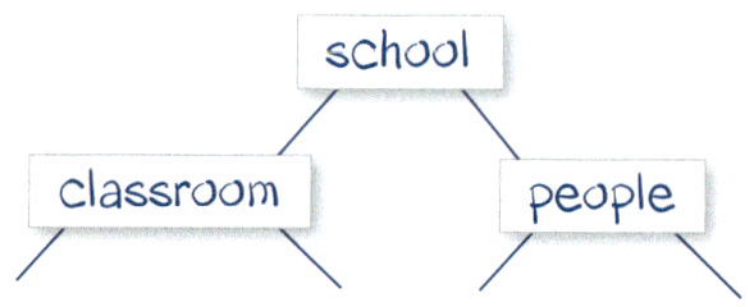

Wenn du Wortschatz zusammenstellst, um damit einen Text zu einem bestimmten Thema zu schreiben, solltest du unbedingt daran denken, dass du für einen guten Text nicht nur Nomen, sondern auch Verben, Adverbien, Adjektive etc. brauchst, sowie Varianten für Ausdrücke, die häufig vorkommen.

WORTSCHATZ LERNEN UND ERWEITERN

Die Strukturierung von Wortschatz eignet sich auch gut, um neue Wörter eines Wortfeldes zu lernen, da sich thematisch zusammenhängende Vokabeln leichter merken lassen. Hier bietet ich auch die Gelegenheit, deinen Wortschatz zu erweitern.

Eine gute Möglichkeit, neuen, thematisch zusammenhängenden Wortschatz zu lernen, ist, möglichst viele Wörter in sinnvollen Sätzen unterzubringen.

SF 24 Study posters

Lernplakate sind ein gutes Hilfsmittel, um Informationen darzustellen, die du dir merken möchtest – z. B. Grammatikregeln. Beim Erstellen solltest du folgende Dinge beachten:

- Sammle und notiere alle Informationen zum Thema, die du auf dem Poster darstellen willst.
- Überlege, wie du das, was du dir merken willst, am besten darstellen kannst. Du kannst z. B. Kästen oder Tabellen verwenden, aber auch kleine Zeichnungen.
- Finde einen guten Titel für dein Plakat.
- Gestalte dein Plakat. Schreibe groß und gut leserlich.
- Hebe wichtige Punkte hervor, z. B. durch Unterstreichen oder durch unterschiedliche Farben. Verwende aber nicht zu viele verschiedene Farben, denn sonst wird dein Lernposter unübersichtlich.
- Wenn du ein Lernposter zu einer Grammatikregel machst, kannst du auch ein paar Beispielsätze aufschreiben. Am Besten kannst du dir die Regel merken, wenn du dir zwei oder drei eigene Beispielsätze ausdenkst.
- Häng dein Poster an einer Stelle auf, an der du es häufig siehst, sodass sich dir der Inhalt ganz automatisch einprägen kann.

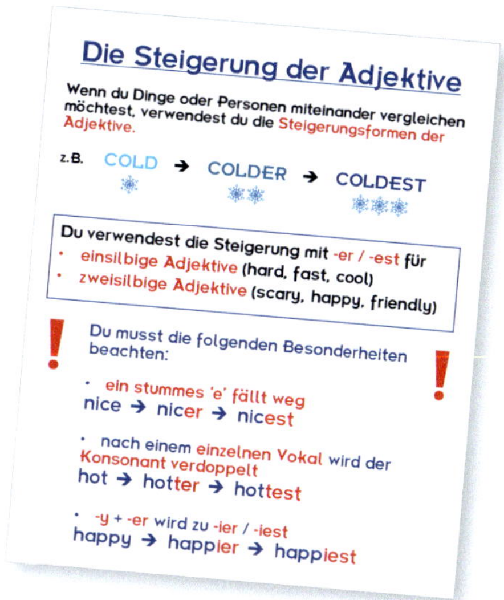

SF 25 Making and taking notes

Wenn du Informationen oder eigene Gedanken kurz für dich notierst – z.B. als Vorbereitung auf einen eigenen Vortrag oder eine Präsentation –, heißt das im Englischen making notes. Wenn du dir Notizen beim Lesen oder Zuhören machst, heißt das taking notes. Für beide Varianten gelten aber die gleichen Grundsätze.

Step 1: Achte auf keywords, die die wichtigsten Informationen enthalten, um deine Frage/Aufgabe zu beantworten oder den Inhalt eines Textes grob zu verstehen.

Step 2: Notiere nur die wichtigsten Informationen. Verwende Abkürzungen und Symbole, aber achte darauf, dass du ein System hast und immer dieselben verwendest, damit du deine Notizen auch später noch verstehst. Markiere offene Fragen.

Step 3: Geh im Anschluss an das Lesen oder Hören nochmal durch deine Notizen und ergänze evtl. noch fehlende Informationen.

TIPP

Wenn du kein eigenes System von Abkürzungen hast, kannst du diese verwenden:

• the same as	=	• for example	e.g.
• not the same as	≠	• important	!
• about the same as	≈	• not	x
• and	+	• with	w/
• becomes/will be	->	• without	w/o
• between	b/w	• open question	??

Word order (Wortstellung)

1 Positive statements (Bejahte Aussagesätze)

Ü S. 87: 1–2

1	**Subject**	**Verb***		
	John	*is working.*		
2	**Subject**	**Verb**	**Adverbial**	
	Lauren	*lives*	*in Scotland.*	
3	**Subject**	**Verb**	**Complement****	
	Mrs Evans	*was*	*happy.*	
4	**Subject**	**Verb**	**Object**	
	My sister	*can play*	*the piano.*	
5	**Subject**	**Verb**	**Object**	**Adverbial**
	The Clarks	*have bought*	*a house*	*in Bristol.*

Ein Satz besteht aus mindestens zwei Satzgliedern: **Subjekt** und **Prädikat** – englisch: ***subject*** (S) und ***verb**** (V).

Weitere Satzglieder können hinzutreten:
- eine **adverbiale Bestimmung** *(adverbial)* (Satz 2)
- eine **Ergänzung** *(complement**)* (Satz 3)
- ein **Objekt** (O) *(object)* (Satz 4).

! Die wichtigste Wortstellungsregel im Englischen ist S – V – O.
Beachte dabei, dass V und O unzertrennlich sind und nie durch ein anderes Satzglied voneinander getrennt werden dürfen.

K

1 *We're going to write a music magazine.*
Wir werden eine Musikzeitschrift schreiben.

2 *Charlie often plays football at the weekends.*
Charlie spielt am Wochenende oft Fußball.

3 *After lunch they took the Tube to Green Park.*
Nach dem Essen nahmen sie die U-Bahn nach Green Park.

4 *When I got to the station, the train had already left.*
Als ich am Bahnhof ankam, war der Zug schon abgefahren.

! Anders als im Deutschen …
- werden die Teile des Prädikats nie durch das Objekt voneinander getrennt (Satz 1),
- werden Prädikat und Objekt (**V** und **O**) nicht durch Adverbien oder Zeitangaben voneinander getrennt (Satz 2),
- ist die Wortstellung auch dann **S – V** – …, wenn der Satz mit einer adverbialen Bestimmung *(After lunch; When I got to the station)* beginnt (Sätze 3, 4).

Wortstellung:
S – V – O, wie in Straßen-Verkehrs-Ordnung!

2 Negative statements (Verneinte Aussagesätze)

Ü S. 87: 1–2

Subject	**Verb** Auxiliary + not	**Verb** Main verb	**Object**
Charlie	*doesn't*	*play*	*tennis.*
Grace	*can't*	*speak*	*German.*
I	*haven't*	*done*	*my homework.*

Auch in verneinten Aussagesätzen ist die Wortstellung **S – V – O**.

* *Das englische Wort **verb** bezeichnet nicht nur die Wortart „Verb", sondern auch das Satzglied „Prädikat".*

** *Ein Adjektiv oder Nomen, das nach einer Form von* (to) be *steht, wird als **Ergänzung zum Subjekt*** (subject complement) *bezeichnet.*

3 Questions (Fragesätze)

3.1 Yes/No questions (Entscheidungsfragen)

Ü S. 88: 3

Auxiliary	Subject	Main verb	Object / Adverbial	
Is	***John***	*working?*		
Can	***you***	*speak*	*German?*	
Have	***they***	*bought*	*a house*	*yet?*
Does	***Lauren***	*live*	*in Scotland?*	

Entscheidungsfragen beginnen immer mit einem **Hilfsverb** *(auxiliary)*.
Die Wortstellung ist also:
Auxiliary – S – V – … .

3.2 Questions with question words

(Fragen mit Fragewörtern)

Ü S. 88–89: 4–6

Question word	Auxiliary	Subject	Main verb	Object / Adverbial
What	*is*	***John***	*doing?*	
Where	*does*	***Lauren***	*live?*	
Why	*can't*	***I***	*have*	*a dog?*
When	*are*	***you***	*going to do*	*your homework?*
Who	*did*	***Lewis***	*meet*	*in Edinburgh?*

Auch in Fragen, die mit einem Fragewort beginnen, steht ein **Hilfsverb** vor dem Subjekt. Die Wortstellung ist also:
Question word – auxiliary – S – V – … .

! **Ausnahmen:**
Fragen nach dem Subjekt

▸ *Fragen nach dem Subjekt: 3.3*

K

*What **are** you **waiting** for?*	Worauf **wartest** du?
*Who **did** you **talk** to?*	Mit wem **hast** du **geredet**?
*Where **do** you **come** from?*	Woher **kommst** du?

! Eine Präposition bleibt im Englischen auch in der Frage hinter dem Verb stehen (und ist meist das letzte Wort der Frage).

3.3 Subject questions (Fragen nach dem Subjekt)

Ü S. 88–89: 4–6

!

Statement	Subject question	Object question
Jack loves Ella. Jack liebt Ella.	*Who **loves** Ella?* Wer liebt Ella?	*Who **does** Jack **love**?* Wen liebt Jack?
Hull beat Arsenal. Hull schlug Arsenal.	*Which team **won**?* Welches Team siegte? **(Wer?** – *Antwort:* Hull)	*Which team **did** Hull **beat**?* Welches Team schlug Hull? **(Wen?** – *Antwort:* Arsenal)

- Fragen nach dem Subjekt (**„Wer oder was?"**) werden ohne das Hilfsverb *do/does/did* gebildet.
- Fragen nach dem Objekt (**„Wen/Wem oder was?"**) werden mit Hilfsverb *do/does* (im *simple present*) bzw. *did* (im *simple past*) gebildet.

1 *What **happened** when Luke opened the door?*
Was geschah, als Luke die Tür öffnete?
2 *What **did** Luke **see** when he opened the door?*
Was sah Luke, als er die Tür öffnete?

1 *Whose ancestors **came** to Jamaica from Africa?*
Wessen Vorfahren („Wer?") kamen aus Afrika nach Jamaika?
2 *Whose parents **did** Mo **meet** in London?*
Wessen Eltern („Wen?") hat Mo in London getroffen?

Weitere Beispiele für *subject questions* (1) und *object questions* (2) stehen links.

Fragen nach dem Subjekt ohne *do/does/did*!

4 Subordinate clauses (Nebensätze)

Hauptsatz	Nebensatz (Subordinate clause)	Subject	Verb	Object
Dad will help you	*if*	*you*	*ask*	*him.*
I like museums	*because*	*I*	*like*	*paintings.*
Gwen says	*that*	*she*	*loves*	*football.*
They stopped	*when*	*they*	*saw*	*me.*
I don't know	*where*	*I*	*put*	*my keys.*

Anders als im Deutschen gilt die Wortstellungsregel **S – V – O** auch für Nebensätze.

Vergleiche: **S V O**

… if you ***ask him.***

… wenn du ***ihn fragst.***

5 Sentences with two objects (Sätze mit zwei Objekten) 4: 2

	Indirect object	Direct object
Ashling ***showed***	*Lewis*	*his room.*
I'll ***give***	*you*	*a call.*
Mum ***bought***	*me*	*a souvenir.*
Mr Baker ***told***	*his children*	*a story.*

Person vor Sache –
wie im Alphabet: ***p*** vor ***s***.

Ü *S. 90: 7*

Wie im Deutschen gibt es im Englischen Verben, nach denen zwei Objekte stehen können:

- ein indirektes Objekt (meist eine **Person**, daher auch **Personenobjekt** genannt),
- ein direktes Objekt (meist eine **Sache**, daher auch **Sachobjekt** genannt).

Die normale Wortstellung ist Person **vor** Sache:
(to) give/show/tell ***somebody something***
jemandem etwas *geben/zeigen/erzählen*.

Here's a nice postcard. Let's ***send*** *it* ***to*** *Mum and Dad.*
Mo took some photos and ***showed*** *them* ***to*** *Luke.*
That's a great poster, isn't it? I ***made*** *it* ***for*** *my sister.*

Ist das **Sachobjekt** ein **Pronomen** *(it, them)*, steht es **direkt hinter dem Verb**.
Das **Personenobjekt** wird dann mit ***to*** angeschlossen. (Bei den Verben *buy, cook, get, make, order* mit ***for***).

1 *They* ***wrote*** *a postcard* ***to*** *their aunt and uncle in the USA.*
2 *I* ***made*** *that poster* ***for*** *my sister (not for you).*

In der Regel wird die Wortstellung
Sachobjekt – ***to/for*** **– Personenobjekt**
auch dann verwendet, wenn

- das Personenobjekt sehr lang ist (Satz 1)
- das Personenobjekt besonders betont werden soll (Satz 2).

Describe/Explain *the table* ***to*** *your partner.*
Beschreibe/Erkläre die Tabelle deinem Partner/deiner Partnerin.

Present *your ideas* ***to*** *the class.*
Präsentiere deine Ideen der Klasse.

But ***don't say*** *anything* ***to*** *the others.*
Aber sag den anderen nichts.

! Bei einigen Verben wird das Personenobjekt immer mit ***to*** angehängt. Zu diesen Verben gehören *describe, explain, introduce, present, report, say* und *suggest*.

6 Adverbs and adverbial phrases

(Adverbien und Adverbialbestimmungen)

Ü S. 90: 8

front-position		mid-position		end-position
↓		↓		↓
adverb	**subject (+ auxiliary)**	adverb	**main verb (+ object)**	adverb

Adverbien und Adverbialbestimmungen können an verschiedenen Stellen im Satz stehen.

6.1 Front-position

Suddenly the car *stopped and two men got out.*

Of course you *can borrow my bike.*

Luckily we *had our anoraks with us.*

Vor dem Subjekt – also in *front-position* – stehen in der Regel Adverbien, die sich auf den ganzen Satz beziehen (sogenannte **Satzadverbien**).
Beispiele: *perhaps, maybe, suddenly, luckily, finally, then, of course, in fact, at first, …*

6.2 Mid-position

1 *My brother* ***is always*** *late.*
It was only 11, but we ***were already*** *hungry.*

2 *I* ***often make*** *breakfast on Sundays.*
They didn't have a map and ***soon got*** *lost.*

3 *Emma* ***doesn't usually*** *take the bus to school.*
Your uncle ***has just*** *phoned.*
That story ***will never*** *be forgotten.*

Mid-position haben gewöhnlich **Adverbien** wie *already, always, ever, just, never, often, sometimes, soon, usually*, die eine **unbestimmte Zeit oder Häufigkeit** beschreiben.
Sie stehen
- **nach** ***am/are/is*** und ***was/were*** (1)
- direkt **vor dem Vollverb** (im *simple present* und *simple past*) (2)
- **nach dem (ersten) Hilfsverb** (3).

Have you been here ***before****?* (schon mal)
Have you cleaned the kitchen ***yet****?* (schon)
*The play has****n't*** *started* ***yet****.* (noch nicht)

! Beachte:
- ***before*** und ***yet*** stehen **am Satzende**.

Sometimes *we have a really big breakfast on Sundays.*
Often *we're so full that we don't eat lunch!*

- ***sometimes*** und ***often*** können auch *front-position* haben.

K *I always make the same mistakes.*
Ich mache immer dieselben Fehler.

! Anders als im Deutschen dürfen Adverbien der unbestimmten Zeit oder Häufigkeit **nicht zwischen Prädikat und Objekt** stehen.

6.3 End-position

1 *The woman* ***shouted angrily****.*
My cousin speaks ***Spanish well****.*

2 *Can we go and* ***play outside****?*
I first met ***my girlfriend at a disco****.*

3 *Sally sold* ***her motorbike yesterday****.*
My grandmother ***died two years ago****.*

Nach dem Vollverb bzw. nach dem Objekt – also in *end-position* – stehen in der Regel
- **Adverbien der Art und Weise** *(angrily, well)* (1)
- **Adverbien und Adverbialbestimmungen des Ortes** *(outside; at a disco)* (2)
- **Adverbien und Adverbialbestimmungen der Zeit** *(yesterday; two years ago)* (3).

	Art u. Weise	Ort	Zeit
My mother is flying		*to New York*	*tomorrow.*
Philip acted	*strangely*	*at the party*	*last night.*

Wenn verschiedene Adverbien bzw. Adverbialbestimmungen am Satzende zusammenkommen, dann gilt gewöhnlich die Reihenfolge **Art und Weise – Ort – Zeit** (wie im Alphabet: ***a*** vor ***o*** vor ***z***).

K *Every Saturday morning my father does the shopping.*
Jeden Samstagmorgen erledigt mein Vater die Einkäufe.

! Zeitangaben können auch *front-position* haben. Anders als im Deutschen bleibt die Wortstellung dann trotzdem **S – V – O**.

K *He closed the door quietly.*
Er schloss leise die Tür.

We're going to buy a new car next month.
Wir kaufen nächsten Monat ein neues Auto.

! Anders als im Deutschen dürfen Adverbien der Art und Weise und Orts- und Zeitangaben **nicht zwischen** Prädikat **und** Objekt stehen.

Adverbien und Adverbialbestimmungen nie zwischen Prädikat und Objekt!

6.4 Adverbs of degree (Gradadverbien) 4: 4

*Your new dress looks **very expensive**.*	sehr teuer
*My parents are **quite strict** / **too strict**.*	ziemlich streng / zu streng
*There's **hardly anyone** left in our village. Most people have moved away.*	kaum jemand
*Do you **really think** that?*	Glaubst du das wirklich?

Gradadverbien wie *very, quite, too, hardly, really* stehen direkt vor dem Wort, auf das sie sich beziehen.

The book Morph was reading was quite scary.

The verb (Das Verb)

7 Types of verbs (Verbarten)

Ü S. 91: 9

Englische Verben lassen sich in drei Gruppen einteilen:

- **Vollverben** *(full verbs)* ▸ 7.1 / Zeitformen: 8

(to) ***ask,*** *(to)* ***give,*** *(to)* ***go,*** *(to)* ***love,*** *(to)* ***swim,*** *(to)* ***try, …***

- die drei Verben ***be, do, have***, die als **Voll-** oder **Hilfsverb** verwendet werden ▸ 7.2

be, do, have

- **modale Hilfsverben** *(modal auxiliaries / modals).* ▸ 23 / will-future: 20

can, could, may, might, must, mustn't, needn't, shall, should, will, would

7.1 Full verbs (Vollverben)

*Mo **loves** cricket.*
*We **went** to London and **visited** the Natural History Museum.*

Vollverben können **allein** – d.h. ohne ein Hilfsverb – im Satz auftreten.

Von jedem englischen Vollverb gibt es **fünf Formen**.

Infinitiv *(infinitive)*	*(to)* ***ask***, *(to)* ***give***, *(to)* ***swim***, *(to)* ***try***
-s-Form für die 3. Person Singular des *simple present*	*(he/she/it)* ***asks, gives, swims, tries***
***-ing*-Form**	***asking, giving, swimming, trying***
***Simple past*-Form**	***asked, gave, swam, tried***
Partizip Perfekt *(past participle)*	***asked, given, swum, tried***

! **Unregelmäßige Verben** wie *give* und *swim* haben eigene *simple past-* und *past participle*-Formen.
▸ Unregelmäßige Verben: 63

7.2 *be, do, have*

Die Verben ***be***, ***do*** und ***have*** können **Voll- oder Hilfsverb** sein.

Vollverb (*Full verb*)

be	*I'**m** Lily. I'**m** in Mr Parker's class.* *I **wasn't** in his class last year.* ***Were** you in his class?*
do	*My brother and I **do** a lot of sport.* *Do you **do** a lot of sport?* *Have you **done** your homework?*
have	*We usually **have** dinner at seven o'clock.* *Our neighbours don't **have** any pets.* *Did you **have** a good time in Spain?*

! ***be*** als Vollverb wird in Fragen und Verneinungen **nicht** mit dem Hilfsverb *do* umschrieben.

Hilfsverb (*Auxiliary verb*)

be	*Jonathan **is repairing** his bike.* *My skates **were made** in the USA.*
do	***Does** she **live** here? – I **don't know**.* ***Don't worry**, I **didn't forget** your birthday.*
have	*Grandma **has** just **phoned**.* *It was too late. The last bus **had left**.*

Als **Hilfsverben** dienen ***be***, ***do*** und ***have*** zur Bildung bestimmter Zeitformen der Vollverben.

▸ Kurzformen: 62

8 The tenses of the full verbs (Die Zeitformen der Vollverben)

Ü S. 91: 10

8.1 Tense and time (Grammatische Zeit und wirkliche Zeit)

Tense (Zeitform)	Time (wirkliche Zeit)
present present perfect past past perfect future future perfect	*the past* — *the present* — *the future*

Wenn man von **„Zeit"** spricht, muss man zwischen der **grammatischen Zeit(form)** und der **wirklichen Zeit** unterscheiden.

The next bus ***leaves in 15 minutes****.*
Der nächste Bus fährt in 15 Minuten.

Simple present mit Bezug auf die **Zukunft**

If I ***met*** *him* ***tomorrow****, …*
Wenn ich ihn morgen träfe/ treffen würde, …

Simple past mit Bezug auf die **Zukunft**

Grammatische Zeitformen können sich auf verschiedene Zeiten in der Wirklichkeit beziehen. *Simple present* und *simple past* beziehen sich in den Beispielen links nicht auf die Gegenwart und die Vergangenheit, sondern auf die Zukunft.

K

I've known him for 8 years.
Ich kenne ihn seit 8 Jahren.

Present perfect
Präsens

Wait. I'll help you.
Warte. Ich helfe dir.

will-future
Präsens

! Die Zeitformen werden im Englischen und im Deutschen oft unterschiedlich verwendet.

8.2 Simple form and progressive form
(Einfache Form und Verlaufsform) 4: 4

Tense	Simple form	Progressive form
present	*sing(s)*	*am/are/is singing*
present perfect	*have/has sung*	*have/has been singing*
past	*sang*	*was/were singing*
past perfect	*had sung*	*had been singing*
will-future	*will sing*	*will be singing*

Im Englischen gibt es neben der **einfachen Form** des Verbs auch noch eine sogenannte **Verlaufsform** *(progressive form)*.

Die **Verlaufsform** drückt aus, dass eine Handlung **im Verlauf**, also **noch nicht abgeschlossen** ist (bzw. war).

Liz is writing an essay.
Liz schreibt (gerade) einen Aufsatz.

Liz has been doing her homework all afternoon.
Liz ist schon den ganzen Nachmittag dabei, ihre Hausaufgaben zu machen. *(Sie ist noch nicht fertig.)*

Liz was doing her homework when suddenly her computer crashed.
Liz machte (gerade) ihre Hausaufgaben, als …

! Im Deutschen gibt es keine Verlaufsform. Aber manchmal sagt man „Ich **bin gerade dabei**, meine Hausaufgaben zu machen", um zum Ausdruck zu bringen, dass etwas noch im Gange und noch nicht abgeschlossen ist.

Morph is looking at an atlas.

8.3 The tenses – overview (Die Zeitformen – Übersicht)

Die folgende Übersicht enthält Langformen:
I will not ask.
Beim Sprechen und in persönlichen Briefen werden meist Kurzformen verwendet:
I won't ask. ▸ Kurzformen: 62

		Active	Passive ▸ 24
Present	Simple present ▸ 10	*I ask* *I do not ask* *Do I ask?*	*I am asked* *I am not asked* *Am I asked?*
	Present progressive ▸ 11	*I am asking* *I am not asking* *Am I asking?*	
Past	Simple past ▸ 13	*I asked* *I did not ask* *Did I ask?*	*I was asked* *I was not asked* *Was I asked?*
	Past progressive ▸ 14	*I was asking* *I was not asking* *Was I asking?*	
Present perfect	Present perfect (simple) ▸ 15	*I have asked* *I have not asked* *Have I asked?*	
	Present perfect progressive ▸ 16	*I have been asking* *I have not been asking* *Have I been asking?*	*I have been asked* *I have not been asked* *Have I been asked?*
Past perfect	Past perfect (simple) ▸ 17	*I had asked* *I had not asked* *Had I asked?*	*I had been asked* *I had not been asked* *Had I been asked?*
	Past perfect progressive ▸ 18	*I had been asking* *I had not been asking* *Had I been asking?*	
Future	*will*-future ▸ 20	*I will ask* *I will not ask* *Will I ask?*	*I will be asked* *I will not be asked* *Will I be asked?*
	going to-future ▸ 21	*I am going to ask* *I am not going to ask* *Am I going to ask?*	*I am going to be asked* *I am not going to be asked* *Am I going to be asked?*
Future perfect	Future perfect ▸ 22	*I will have asked* *I will not have asked* *Will I have asked?*	

9 The present – in a nutshell

(Die Gegenwart – das Wichtigste in Kürze)

Ü S. 92–94: 11–17

Simple present

Ella goes to school by bike. Her brother usually takes the bus. They never walk, but their parents sometimes take them by car.

The Blakes live in Chester. Mrs Blake works for a computer company. Mr Blake looks after their children. At the weekends, the Blakes often go camping in the mountains.

▸ *Simple present: 10*

- Mit dem ***simple present*** drückt man aus, dass etwas **wiederholt, regelmäßig, immer** oder **nie** geschieht.

  Das *simple present* wird daher z.B. verwendet, um über **Hobbys, Berufe** und **Dauerzustände** zu sprechen.

Present progressive

We can't come to the beach with you. I'm still working on my essay for tomorrow, Owen is trying to repair his bike, and Mum is practising the piano.

Olivia has got a holiday job: she's working as a waitress in a small café in Devon. She's sharing a room with another waitress while she's there.

▸ *Present progressive: 11*

- Mit dem ***present progressive*** drückt man aus, dass **jemand gerade dabei** ist, etwas zu tun, oder dass etwas **gerade im Gange** und **noch nicht abgeschlossen** ist.

  Das *present progressive* wird daher auch für **vorübergehende Zustände** verwendet.

Simple present	Present progressive

Jack Whitlam works as an architect.	*He's working at his desk at the moment.*

Morph loves books. He reads a lot.
At the moment, he isn't reading. He's taking a break.

10 The simple present (Die einfache Form der Gegenwart)

Ü S. 92–93: 11–13 / S. 94: 16–17

10.1 Form (Form)

I/You **play**	I/You	**don't**	**play**	**Do**	I/you	**play?**
He/She/It **plays**	He/She/It	**doesn't**	**play**	**Does**	he/she/it	**play?**
We/You/They **play**	We/You/They	**don't**	**play**	**Do**	we/you/they	**play?**

▸ Kurzformen: 62

! *(to) try – **he/she/it tries*** *(to) copy – **he/she/it copies***

He, she, it –
das „s" muss mit.

- Das *simple present* hat die Form des Infinitivs. Nur bei der 3. Person Singular *(he/she/it)* wird **-(e)s** angehängt.
- **Verneinte Sätze** bildet man mit ***don't*** bzw. ***doesn't***.
- **Fragen** bildet man mit ***do*** bzw. ***does***.

10.2 Use (Gebrauch)

Das ***simple present*** wird verwendet,

*I **often** ride my bike to school.*
*We go camping **every summer**.*

- um auszudrücken, dass etwas **wiederholt** (regelmäßig, immer, jeden Tag, oft, …) oder **nie** geschieht.
  In *simple present*-Sätzen stehen oft die Signalwörter *always, often, sometimes, usually, never* oder Zeitangaben wie *every summer, on Fridays, at weekends, …*

Morgan plays the guitar.
Mrs Kent works in an office. She speaks four languages.

- wenn man über Hobbys, Berufe und Fähigkeiten spricht.

When you mix blue and yellow you get green.
Children all over the world play football.

- wenn man sagen will, dass etwas immer oder überall der Fall ist.

She goes into the room, walks over to the window, opens it and looks out onto the street below.
First you go along Elm Street, then you turn left and cross the bridge. After the bridge you turn right. …

- um mehrere aufeinanderfolgende Handlungen zu beschreiben (oft in Erzählungen und in Gebrauchsanweisungen oder Auskünften).

The author describes a journey to Wales that goes terribly wrong.
What does the text say about his parents?

- wenn man über einen Text, einen Film, ein Theaterstück spricht.

The film starts at 8 o'clock.
When does the next train to Liverpool leave?
The club meets in an hour, so we'll have to hurry.

▸ The future: 19–22

Das ***simple present*** wird auch benutzt um auszudrücken, dass etwas **Zukünftiges** durch einen **Fahrplan**, ein **Programm**, einen **Kalender** oder Ähnliches festgelegt ist. (Diese Verwendung des *simple present* wird manchmal *timetable future* genannt.)

11 The present progressive (Die Verlaufsform der Gegenwart)

(Ü) S. 93–94: 14–17

11.1 Form (Form)

*I'****m playing***	*I'****m not playing***	***Am*** *I* ***playing?***
*You'****re playing***	*You* ***aren't playing***	***Are*** *you* ***playing?***
*He'****s****/She'****s****/It'****s playing***	*He/She/It* ***isn't playing***	***Is*** *he/she/it* ***playing?***
*We'****re playing***	*We* ***aren't playing***	***Are*** *we* ***playing?***
*You'****re playing***	*You* ***aren't playing***	***Are*** *you* ***playing?***
*They'****re playing***	*They* ***aren't playing***	***Are*** *they* ***playing?***

▸ *Kurzformen: 62*

! *(to) make, (to) give, …* + ***-ing*** → *making, giving, …*
(to) run, (to) drop, … + ***-ing*** → *running, dropping, …*

Das *present progressive* wird mit ***am/are/is*** + ***-ing form*** gebildet.

11.2 Use (Gebrauch)

Emily is in the park with Sarah. They're playing badminton.
What are you doing? – I'm trying to repair the CD player.

My sister usually looks after our dog but she's ill, so I'm feeding Fluffy this week.

Das ***present progressive*** wird verwendet,

- um auszudrücken, dass **jemand gerade etwas tut** oder dass **etwas noch im Gange** und **noch nicht abgeschlossen** ist.
  Signalwörter: *now, at the moment, just* („gerade"), *still* („noch").
  ! Die Handlung, um die es geht, kann für einen Augenblick unterbrochen sein – z.B. durch ein Telefonat. Wichtig ist, dass sie noch nicht abgeschlossen ist.
- wenn man sagen will, dass etwas **nur vorübergehend der Fall** ist.

Mum: I'm meeting some friends in town ***this afternoon****, so Dad is picking you up from school.*

▸ *The future: 19–22*

Das ***present progressive*** wird auch benutzt, wenn etwas **für die Zukunft fest geplant** oder **fest verabredet** ist *(diary future)*. Durch eine Zeitangabe oder aus dem Zusammenhang muss klar sein, dass es sich um etwas Zukünftiges handelt.

agree	übereinstimmen	***mean***	bedeuten
believe	glauben	***need***	brauchen
belong	gehören	***notice***	bemerken
cost	kosten	***own***	besitzen
hate	hassen	***seem***	*(zu sein/zu tun)* scheinen
hear	hören	***smell***	riechen, stinken
like	mögen	***sound***	klingen
love	lieben	***taste***	schmecken

! Verben, die keine Tätigkeiten beschreiben *(know, want, …)* werden normalerweise nicht in der *progressive form* verwendet. Weitere Beispiele für solche Verben stehen links.

12 The past – in a nutshell

(Die Vergangenheit – das Wichtigste in Kürze) 3: 1 / 3: 4 / 4: 4

Ü S. 95–104: 18–38

12.1 Simple past, past progressive

Simple past

I went to a party last Friday.
My friend was invited too, but she wasn't allowed to go.
She had to stay at home.

Emma got a bike for Christmas.
Emma hat zu Weihnachten ein Fahrrad bekommen.

▸ Simple past: 13

- Mit dem ***simple past*** beschreibt man, was **zu einem bestimmten Zeitpunkt in der Vergangenheit** geschah.

! Im Deutschen steht oft das Perfekt, wo im Englischen das *simple past* stehen muss.

Past progressive

The guests were laughing and talking when Tyler put on some music. Soon everybody was dancing.

▸ Past progressive: 14

- Mit dem ***past progressive*** sagt man, dass etwas zu einem bestimmten Zeitpunkt in der Vergangenheit **im Gange** und **noch nicht abgeschlossen** war.

12.2 Present perfect, present perfect progressive

Beide Formen des ***present perfect*** haben mit Vergangenheit und Gegenwart zu tun:

Present perfect

Dad has packed the car. We can go now.

I've been a Biffy Clyro fan since the band's first hit.
Ich bin *Biffy Clyro*-Fan seit dem ersten Hit der Band.

▸ Present perfect: 15

- Mit dem ***present perfect*** sagt man,
  - dass **etwas geschehen** ist. Wann das war, interessiert nicht, aber oft hat das Geschehen Auswirkungen auf die Gegenwart oder Zukunft.
  - dass ein **Zustand in der Vergangenheit begonnen** hat und **jetzt noch andauert** (oft mit *since* oder *for*).

Present perfect progressive

Joshua and Olivia have been playing tennis for over two hours now.
Joshua und Olivia spielen jetzt (schon) seit über zwei Stunden Tennis.

▸ Present perfect progressive: 16

- Mit dem ***present perfect progressive*** drückt man aus, dass ein **Vorgang** oder eine **Handlung in der Vergangenheit begonnen** hat und **jetzt noch andauert**.

! Im Deutschen steht oft das Präsens, wo im Englischen *present perfect* oder *present perfect progressive* stehen muss.

12.3 Past perfect, past perfect progressive

Past perfect

When we arrived at the party, the other guests had already eaten.

▸ Past perfect: 17

- Mit dem ***past perfect*** drückt man aus, dass etwas **noch vor etwas anderem** in der Vergangenheit stattgefunden hatte.

Additional information

Past perfect progressive

At 12 o'clock, the guests were pretty tired.
They had been dancing for hours.

▸ Past perfect progressive: 18

- Mit dem ***past perfect progressive*** wird ausgedrückt, dass eine Handlung vor einem Zeitpunkt in der Vergangenheit begonnen hatte und bis (oder fast bis) zu jenem Zeitpunkt andauerte.

13 The simple past

(Die einfache Form der Vergangenheit) 3: 1

Ü S. 95–96: 18–20 / S. 97: 22–23 / S. 99–100: 28–30 / S. 103–104: 37–38

13.1 Form (Form)

I/You	**played**	I/You	**didn't play**	**Did**	I/you	**play?**
He/She/It	**played**	He/She/It	**didn't play**	**Did**	he/she/it	**play?**
We/You/They	**played**	We/You/They	**didn't play**	**Did**	we/you/they	**play?**

▸ Kurzformen: 62

!

(to) phone, (to) dance, … + ***-ed*** → *phoned, danced, …*
(to) plan, (to) stop, … + ***-ed*** → *planned, stopped, …*
(to) try, (to) copy, … + ***-ed*** → *tried, copied, …*

▸ Unregelmäßige Verben: 63

- Bei **regelmäßigen Verben** bildet man das *simple past* durch Anhängen von ***-ed*** an den Infinitiv.
- **Unregelmäßige Verben** haben eigene *simple past*-Formen, z. B. *(to) go* – ***went***, *(to) say* – ***said***, *(to) write* – ***wrote***.
- **Verneinte Sätze** bildet man mit ***didn't***, **Fragen** mit ***did***. (Das Vollverb steht im Infinitiv.)

13.2 Use (Gebrauch)

When did *you* ***move*** *to Freiburg?*
– Well, we ***left*** *Kiel* ***in 2002*** *and* ***moved*** *to Potsdam first,*
and ***in 2003*** *I* ***was offered*** *a job in Freiburg.*

Woman hurt in traffic accident

A woman was hurt in a traffic accident at the corner of Elm Street and Park Road yesterday morning. A young man on a bike ran into her so that she fell and broke her leg. The man did not stop to help, he just cycled on. Two schoolchildren called an ambulance, and the woman was taken to hospital.

Das ***simple past*** wird verwendet,

- um auszudrücken, dass etwas **zu einem bestimmten Zeitpunkt** oder **in einem bestimmten abgeschlossenen Zeitraum** in der **Vergangenheit** geschah.
  Oft stehen Zeitangaben wie *yesterday, three weeks ago, last year, in 2012, on April 4th, …* in *simple past*-Sätzen.
- wenn man über **vergangene Ereignisse** berichtet oder **eine Geschichte erzählt**.

K

Last week I lost my watch,
and yesterday someone stole my mobile.
(not: Last week I ~~have lost~~ …,
and yesterday someone ~~has stolen~~ …)
Letzte Woche habe ich meine Uhr verloren,
und gestern hat mir jemand das Handy gestohlen.

When did she phone? (not: When ~~has she phoned~~?)
Wann hat sie angerufen?

▸ *Present perfect oder simple past?: 15.3*

! Im Deutschen benutzen wir oft das Perfekt, um zu sagen oder zu fragen, **wann** etwas geschah.
Im Englischen muss das *simple past* stehen!

In ***When …?***-Fragen ***simple past***!

14 The past progressive
(Die Verlaufsform der Vergangenheit) 4: 4

Ⓤ S. 96–97: 21–23

14.1 Form (Form)

→ when, while, as
Uhrzeiten,
(Zeitangaben)

I	***was***	***playing***	*I*	***wasn't***	***playing***	***Was***	*I*	***playing?***
You	***were***	***playing***	*You*	***weren't***	***playing***	***Were***	*you*	***playing?***
He/She/It	***was***	***playing***	*He/She/It*	***wasn't***	***playing***	***Was***	*he/she/it*	***playing?***
We	***were***	***playing***	*We*	***weren't***	***playing***	***Were***	*we*	***playing?***
You	***were***	***playing***	*You*	***weren't***	***playing***	***Were***	*you*	***playing?***
They	***were***	***playing***	*They*	***weren't***	***playing***	***Were***	*they*	***playing?***

▸ *Kurzformen: 62*

Das *past progressive* wird mit ***was/were*** + ***-ing form*** gebildet.

14.2 Use (Gebrauch)

Das ***past progressive*** wird verwendet,

Police officer: *Mr Clarke, what were you doing between 8 and 10 o'clock yesterday morning?*
Mr Clarke: *I was working in the garden.*

- um auszudrücken, dass zu einer **bestimmten Zeit in der Vergangenheit** eine Handlung oder ein Vorgang gerade **im Gange** und **noch nicht abgeschlossen** war.

The kids in room 10 ***were having*** *a good time* *when suddenly Mrs Walter* ***came*** *in.*

past progressive — **simple past**

- um zu sagen, was **gerade vor sich ging**, als etwas anderes passierte.

The sun ***was shining****, birds* ***were singing****, dogs* ***were running*** *around. People* ***were sitting*** *on the grass, children* ***were playing*** *and* ***laughing****. Suddenly there* ***was*** *a loud noise and everything* ***changed*** *…*

Man findet das *past progressive* oft in Berichten und Erzählungen:
Es beschreibt dann die Situation oder die „Szene", in der etwas geschah.

!

1 *Jason was laying the table when Emma came home.*
Jason war dabei, den Tisch zu decken, …

2 *Jason laid the table when Emma came home.*
Jason deckte den Tisch, …

▸ *Verben, die nicht in der progressive form verwendet werden: 11.2*

! Beachte die Bedeutungsunterschiede:
- In **Satz 1** *(past progressive)* war Jason bereits dabei, den Tisch zu decken, als Emma heimkam.
- In **Satz 2** *(simple past)* begann Jason erst mit dem Tischdecken, als sie heimkam.

15 The present perfect

3: 1 / 4: 4

Ü S. 98–100: 24–30 / S. 102: 34

15.1 Form (Form)

I've/You've **played**	I/You **haven't played**	**Have** I/you **played?**
He's/She's/It's **played**	He/She/It **hasn't played**	**Has** he/she/it **played?**
We've/You've/They've **played**	We/You/They **haven't played**	**Have** we/you/they **played?**

▸ Kurzformen: 62

Das *present perfect* wird mit ***have/has*** + **Partizip Perfekt** *(past participle)* gebildet.

! *(to) phone, (to) dance, … + **-ed** → phoned, danced, …*
*(to) plan, (to) stop, … + **-ed** → planned, stopped, …*
*(to) try, (to) copy, … + **-ed** → tried, copied, …*

- Bei **regelmäßigen Verben** bildet man das *past participle* durch Anhängen von ***-ed*** an den Infinitiv.

▸ Unregelmäßige Verben: 63

- **Unregelmäßige Verben** haben eigene *past participle*-Formen, z. B. *(to) be – **been**, (to) put – **put**, (to) write – **written**.*

15.2 Use (Gebrauch)

Connor has phoned. He's had an accident.
*Where's Olivia? – She hasn't arrived **yet**.*
*Have you **ever** eaten shark? – Yes, I have. / No, I haven't.*

Das ***present perfect*** wird verwendet,

- um zu sagen, **dass jemand etwas getan hat** oder **dass etwas geschehen ist**. Der Zeitpunkt wird nicht genannt, weil er unwichtig oder unbekannt ist. Oft hat die Handlung **Auswirkungen** auf die Gegenwart oder Zukunft. In *present perfect*-Sätzen stehen häufig unbestimmte Zeitangaben wie *already, always, before, ever, just, never, often, yet*.

***How long** have you been a member of the tennis club?*
– Since March. / For eight months.
Wie lange bist du (schon) Mitglied des Tennisklubs?
– Seit März. / Seit acht Monaten.

▸ *Present perfect oder present perfect progressive?: 16.3 / since und for: 16.4*

- um auszudrücken, dass **ein Zustand in der Vergangenheit begonnen hat** und jetzt noch **andauert**. Im Deutschen benutzt man dafür meist das Präsens.

15.3 Present perfect or simple past?

(1) A: *Where's Julie? Has she moved?*
(2) B: *Yes, she has.* (3) *She moved to New York in the summer.*

(1) Sprecher A fragt, **ob** (nicht: wann) Julie fortgezogen ist → *present perfect*.
(2) Sprecher B bestätigt, **dass** sie fortgezogen ist → *present perfect*.
(3) Dann fügt Sprecher B hinzu, **wann** der Umzug erfolgte → *simple past*.

(4) ***How long** have you been married to Alex? – **Since** 1997.*

(5) ***When** did you marry Alex? – **In** 1997.*

(4) **How long?** („Seit wann?"/„Wie lange?") → *present perfect*.
(5) **When?** („Wann?") → *simple past*.

16 The present perfect progressive

(Die Verlaufsform des *present perfect*) 3: 1 / 4: 4

Ü S. 101 – 102: 31 – 34

16.1 Form (Form)

I've	***been***	***playing***	*I*	***haven't***	***been playing***	***Have***	*I*	***been playing?***
You've	***been***	***playing***	*You*	***haven't***	***been playing***	***Have***	*you*	***been playing?***
He's/She's/It's	***been***	***playing***	*He/She/It*	***hasn't***	***been playing***	***Has***	*he/she/it*	***been playing?***
We've	***been***	***playing***	*We*	***haven't***	***been playing***	***Have***	*we*	***been playing?***
You've	***been***	***playing***	*You*	***haven't***	***been playing***	***Have***	*you*	***been playing?***
They've	***been***	***playing***	*They*	***haven't***	***been playing***	***Have***	*they*	***been playing?***

▸ *Kurzformen: 62*

Das *present perfect progressive* wird mit ***have been/has been*** + ***-ing form*** gebildet.

16.2 Use (Gebrauch)

*It's **five o'clock**.*

Little Stevie has been watching the other kids since two o'clock. / for three hours.

Little Stevie sieht den anderen Kindern (schon) seit zwei Uhr/ seit drei Stunden zu.

▸ *since und for: 16.4*

Mit dem ***present perfect progressive*** drückt man aus, dass eine **Handlung** oder ein **Vorgang** in der Vergangenheit begonnen hat und bis jetzt **andauert**.

K

You've been driving all night. Shall I drive now?
Du fährst jetzt schon die ganze Nacht. …
(not: You're ~~driving all~~ night.)

I've been trying to reach her for hours.
Ich versuche seit Stunden, sie zu erreichen.
(not: I'm ~~trying to~~ reach her for hours.)

!

Im Deutschen benutzen wir meist das Präsens: *Du fährst schon die ganze Nacht.*
Ich versuche seit Stunden …

Im Englischen steht das *present perfect progressive*:
You've been driving all night.
I've been trying … for hours.

16.3 Present perfect or present perfect progressive?

Present perfect progressive

Ella has been writing letters all morning.
Ella schreibt schon den ganzen Morgen Briefe.

Present perfect

Ella has written three letters since breakfast.
Ella hat seit dem Frühstück drei Briefe geschrieben.

- Wenn es darum geht, dass eine Tätigkeit **noch andauert** → *present perfect progressive*
- Wenn es darum geht, dass etwas **geschehen ist** (es liegt ein **Ergebnis** vor; es gibt **Auswirkungen** auf Gegenwart oder Zukunft) → *present perfect*

!

We've been here all day. Can't we go home now?
Wir sind jetzt (schon) den ganzen Tag hier. …
I've known him since kindergarten.
Ich kenne ihn seit dem Kindergarten.
He's had that cold for weeks now, hasn't he?
Er hat diese Erkältung jetzt schon seit Wochen, nicht?

▸ *Verben, die nicht in der progressive form verwendet werden: 11.2*

! Vorsicht bei Verben, die **Zustände** beschreiben *(be, know, like, …)*:
Solche Verben stehen nicht in der Verlaufsform – du musst die einfache Form des *present perfect* verwenden, auch wenn der Zustand noch andauert.

16.4 *since* and *for* („seit“)

*It's **five o'clock**. The children are playing football.*

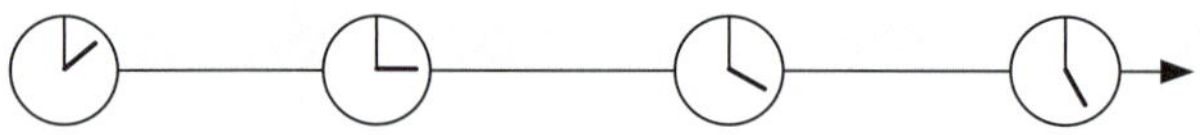

*They**'ve been** in the park since two o'clock.* Sie sind seit zwei Uhr im Park.	*They**'ve been** in the park for three hours.* … seit drei Stunden …
*They**'ve been** playing football since two o'clock.* Sie spielen seit zwei Uhr Fußball.	*They**'ve been playing** football for three hours.* … seit drei Stunden …

Deutsch **„seit“** – Englisch
- ***since*** (Zeit**punkt**)
- ***for*** (Zeit**raum**)

Im Deutschen verwenden wir „seit“, um zu sagen, seit wann oder wie lange etwas schon andauert.
Im Englischen wird zwischen *since* und *for* unterschieden:

- Mit *since* gibt man einen **Zeitpunkt** an *(since 2 o'clock; since 2004; since May)*.
  since + **Zeitpunkt** drückt also aus, **seit wann** etwas andauert (wann es begonnen hat).

- Mit *for* gibt man einen **Zeitraum** an *(for three hours; for years; for a long time)*.
  for + **Zeitraum** drückt also aus, **wie lange** etwas bereits andauert.

17 The past perfect (Das Plusquamperfekt)

3: 4 / 4: 4

Ü S. 103–104: 35–38

17.1 Form (Form)

I/You	***had played***	*I/You*	***hadn't played***	***Had***	*I/you*	***played?***
He/She/It	***had played***	*He/She/It*	***hadn't played***	***Had***	*he/she/it*	***played?***
We/You/They	***had played***	*We/You/They*	***hadn't played***	***Had***	*we/you/they*	***played?***

▸ *Kurzformen: 62*

Das *past perfect* wird mit ***had*** + **Partizip Perfekt** *(past participle)* gebildet.

▸ *Bildung des Partizip Perfekt: 15.1*

K

*I had never **tried** Indian food before. It tasted great!*
Ich hatte noch nie indisches Essen **probiert**. …

*Kate's train had already **left** when she got to the station.*
Kates Zug war schon **abgefahren**, als sie am Bahnhof ankam.

! Das deutsche Plusquamperfekt wird – je nach Verb – mit „hatte“ oder mit „war“ gebildet, das *past perfect* immer mit *had*.

Deutsch **„hatte“** oder **„war“** – Englisch ***had***

17.2 Use (Gebrauch)

1 *Grace had already left the restaurant when I arrived.*
Grace hatte das Restaurant schon verlassen, als ich eintraf.

2 *I couldn't open the door. I had forgotten the keys.*
Ich konnte die Tür nicht öffnen. Ich hatte die Schlüssel vergessen.

3 *Grandpa had already been in hospital for a week when we returned from Spain.*
Opa lag schon eine Woche im Krankenhaus, als wir aus Spanien zurückkehrten.

Mit dem ***past perfect*** (Plusquamperfekt oder Vorvergangenheit) drückt man aus,

- dass eine Handlung noch **vor** einer anderen Handlung in der Vergangenheit stattgefunden hatte (1, 2)
- dass ein Zustand noch **vor** einem Zeitpunkt in der Vergangenheit begonnen hatte (3).

!

1 *John had laid the table when Emily came home.*
John hatte den Tisch (bereits) gedeckt, als Emily heimkam.

2 *John laid the table when Emily came home.*
John deckte den Tisch, als Emily heimkam.

Beachte die Bedeutungsunterschiede:
- In **Satz 1** *(past perfect)* war John mit dem Tischdecken fertig, als Emily heimkam.
- In **Satz 2** *(simple past)* begann John erst mit dem Tischdecken, als Emily heimkam.

After she had left school she went to university.
oder *After she left school she went to university.*

Nach *after* („nachdem“) steht oft *simple past* statt *past perfect*, weil die Reihenfolge der Ereignisse klar ist.

Additional information

18 The past perfect progressive
(Die Verlaufsform des *past perfect*) 4: 4

18.1 Form (Form)

I/You ***had been playing***	*I/You* ***hadn't been playing***	***Had*** *I/you* ***been playing?***
He/She/It ***had been playing***	*He/She/It* ***hadn't been playing***	***Had*** *he/she/it* ***been playing?***
We ***had been playing***	*We* ***hadn't been playing***	***Had*** *we* ***been playing?***
You ***had been playing***	*You* ***hadn't been playing***	***Had*** *you* ***been playing?***
They ***had been playing***	*They* ***hadn't been playing***	***Had*** *they* ***been playing?***

▸ *Kurzformen: 62*

Das *past perfect progressive* wird mit ***had been* + *-ing form*** gebildet.

18.2 Use (Gebrauch)

It was nearly six o'clock, and we were tired and hungry. We ***had been working*** *in the garden all afternoon.*
... Wir hatten den ganzen Nachmittag im Garten gearbeitet.

Jaden ***had been sitting*** *in the kitchen for half an hour when his mum came down.*
Jaden hatte eine halbe Stunde lang in der Küche gesessen, ...

Mit dem ***past perfect progressive*** drückt man aus, dass eine Handlung oder ein Vorgang vor einem Zeitpunkt in der Vergangenheit begonnen hatte und bis zu diesem Zeitpunkt andauerte.

19 The future – in a nutshell
(Die Zukunft – das Wichtigste in Kürze) 3: 2

Ü *S. 104–105: 39–42*

will-future

Jo will be back at six. Can you phone again then?
My mother will be 40 next year.
I expect it will be very hot in Portugal,
but I'm sure you'll like it.

▸ *will-future: 20*

going to-future

I'm going to study history at university.

Look at those clouds. It's going to rain.

▸ *going to-future: 21*

Simple present / Present progressive

The next train to London leaves at 8.45.
The meeting starts in 20 minutes.

We're having a party on Friday. Even our friends from Glasgow are coming.

▸ *Simple present mit futurischer Bedeutung: 10.2*
▸ *Present progressive mit futurischer Bedeutung: 11.2*

- Mit dem ***will-future*** äußert man **Vorhersagen** über die Zukunft und **Vermutungen**. Oft geht es dabei um Dinge, die man nicht beeinflussen kann (z.B. das Alter, das Wetter).
- Das ***going to-future*** verwendet man,
  - um über **Absichten, Vorhaben, Pläne** für die Zukunft zu sprechen.
  - um auszudrücken, dass etwas **wahrscheinlich gleich passieren** wird (es gibt schon deutliche Anzeichen).
- Auch ***simple present*** *(timetable future)* und ***present progressive*** *(diary future)* können sich auf die Zukunft beziehen.

20 The *will*-future (Das Futur mit *will*) 3: 2

Ü S. 104–105: 39–40, 42

20.1 Form (Form)

I/You	***will play***	*I/You*	***won't play***	***Will***	*I/you*	***play?***
He/She/It	***will play***	*He/She/It*	***won't play***	***Will***	*he/she/it*	***play?***
We/You/They	***will play***	*We/You/They*	***won't play***	***Will***	*we/you/they*	***play?***

▸ Kurzformen: 62

Das *will-future* wird mit ***will*** + **Infinitiv** gebildet.
Die verneinte Form heißt ***won't*** (= ***will not***).

20.2 Use (Gebrauch)

Das ***will-future*** wird verwendet,

I suppose it will be quite hot in Florida in March.

It's possible you'll find her a bit rude at first, but I think you'll like her.

There will be strong winds tomorrow morning, and we will have some rain in the early afternoon. Temperatures will reach 22 degrees Celsius.

- um **Vermutungen** und **Vorhersagen** über die Zukunft zu äußern.
  In **Vermutungen** stehen oft Ausdrücke wie *I think, I'm sure, I suppose, maybe, probably*.
  Bei **Vorhersagen** geht es oft um Dinge, die man nicht beeinflussen kann, z.B. das Wetter.

This exercise looks really difficult. – Don't worry, I'll help you.
… Mach dir keine Sorgen, ich helfe dir.

OK, I promise I'll be back by 10.

Tea or coffee? – I think I'll have tea, please.

- wenn man sich **spontan** – also ohne es im Voraus geplant zu haben – **zu etwas entschließt**. Oft geht es dabei um **Hilfsangebote** oder **Versprechen**.
  (Im Deutschen steht in diesen Fällen meist das Präsens.)

21 The *going to*-future (Das Futur mit *going to*) 3: 2

Ü S. 105: 41–42

21.1 Form (Form)

*I'**m***	***going to play***	*I'**m not***	***going to play***	***Am***	*I*	***going to play?***
*You'**re***	***going to play***	*You **aren't***	***going to play***	***Are***	*you*	***going to play?***
*He'**s**/She'**s**/It'**s***	***going to play***	*He/She/It **isn't***	***going to play***	***Is***	*he/she/it*	***going to play?***
*We'**re***	***going to play***	*We **aren't***	***going to play***	***Are***	*we*	***going to play?***
*You'**re***	***going to play***	*You **aren't***	***going to play***	***Are***	*you*	***going to play?***
*They'**re***	***going to play***	*They **aren't***	***going to play***	***Are***	*they*	***going to play?***

▸ Kurzformen: 62

Das *going to-future* wird mit ***am/are/is*** + ***going to*** + **Infinitiv** gebildet.

21.2 Use (Gebrauch)

What are you going to do in Paris?
I'm going to be a police officer when I grow up.

Timo's books are going to fall.

Das ***going to-future*** wird verwendet,

- um über **Absichten, Vorhaben, Pläne** für die Zukunft zu sprechen.
- um auszudrücken, dass etwas **wahrscheinlich gleich passieren** wird – es gibt bereits deutliche Anzeichen dafür (im Beispiel links wackelt der Bücherstapel schon bedenklich).

Additional information

22 The future perfect (Die vollendete Zukunft; Futur II)

22.1 Form (Form)

I/You	***will have played***	*I/You*	***won't have played***	***Will***	*I/you*	***have played?***
He/She/It	***will have played***	*He/She/It*	***won't have played***	***Will***	*he/she/it*	***have played?***
We	***will have played***	*We*	***won't have played***	***Will***	*we*	***have played?***
You	***will have played***	*You*	***won't have played***	***Will***	*you*	***have played?***
They	***will have played***	*They*	***won't have played***	***Will***	*they*	***have played?***

▸ *Kurzformen: 62*

Das *future perfect* wird mit ***will have*** + **Partizip Perfekt** *(past participle)* gebildet.

▸ *Bildung des Partizip Perfekt: 15.1*

22.2 Use (Gebrauch)

Hurry up, or the last train will have left when we get to the station.
Beeil dich, oder der letzte Zug wird abgefahren sein, …

Next June we will have lived here ten years.
Nächsten Juni werden wir zehn Jahre hier gewohnt haben.

Mit dem ***future perfect*** drückt man aus, dass etwas zu einem bestimmten Zeitpunkt in der Zukunft **geschehen oder getan sein wird**. (Im Deutschen nennt man diese Zeit „vollendete Zukunft" oder „Futur II".)

23 Modal auxiliaries (Modale Hilfsverben) 3: 4

Ü S. 106–107: 43–46

23.1 Form and characteristics (Form und Eigenschaften)

can	*might*	*needn't*	*will*
could	*must*	*shall*	*would*
may	*mustn't*	*should*	

▸ *Kurzformen: 62*

- Modale Hilfsverben (englisch: *modal auxiliaries* oder *modals*) werden zusammen **mit dem Infinitiv eines Vollverbs** verwendet. (Nur in Kurzantworten können sie allein stehen.)

May we go to the disco tonight?
– Yes, you may. / No, you may not.

- Verneinung und Frage werden **ohne *do/does/did*** gebildet.

I/You/He/She/It/We/You/They can speak English.

- Modale Hilfsverben haben nur **eine Form**. Es gibt keine Endungen auf *-s*, *-ing* oder *-ed*.

1 *Can I help you with those bags?*
2 *Can I go to Ashley's party on Friday?*

- Modale Hilfsverben beziehen sich in der Regel auf die **Gegenwart** (1) oder auf die **Zukunft** (2).

3 *I'd love to be able to speak Spanish.*
Ich würde liebend gern Spanisch sprechen können.
4 *I don't like having to get up early.*
Ich mag es nicht, früh aufstehen zu müssen.
5 *We weren't allowed to use a dictionary in the test.*
Wir durften beim Test kein Wörterbuch benutzen.

▸ *can, may, must und ihre Ersatzverben: 23.5–23.7*

- Modale Hilfsverben können **nicht alle Zeitformen** bilden. Daher gibt es zu bestimmten modalen Hilfsverben **Ersatzverben** mit ähnlicher Bedeutung, von denen man den Infinitiv (3), die *-ing*-Form (4) und alle Zeitformen (5, hier: *simple past*) bilden kann.

23.2 Use (Gebrauch)

You can take the car. I can go by bike.
Don't you think we should ask Mr Carter first?
I must go shopping. The fridge is nearly empty.

- Modale Hilfsverben drücken aus, dass jemand etwas tun **kann, darf, soll, muss, …**

There's somebody at the door.

– It may be the postman.	Es ist vielleicht der Briefträger.
– It could be the postman.	Es könnte … sein.
– It must be the postman.	Es muss … sein.
– It will be the postman.	Es wird … sein.
No, it can't be the postman.	Es kann nicht … sein.

- Sie können auch ausdrücken, für wie **sicher, wahrscheinlich** oder **möglich** der Sprecher etwas hält.

23.3 Overview: What do modal auxiliaries express?

(Übersicht: Was drücken modale Hilfsverben aus?)

can		
Fähigkeit	*My grandfather can walk on his hands.*	
Erlaubnis/Verbot	*You can take the car if you like. / You can't smoke in here.*	
Bitte/Aufforderung	*Can I borrow your ruler? / Can you open the window, please?*	
Möglichkeit	*It can't be the postman. It's too early.*	
could		
Fähigkeit (Vergangenheit)	*I could swim when I was four.*	konnte
Erlaubnis (Vergangenheit)/	*I could stay up till ten o'clock when I was 14.*	konnte, durfte
Verbot (Vergangenheit)	*We couldn't leave the hostel. We had to stay in after 11.*	konnten, durften
Bitte/Aufforderung	*Could you help me with this exercise?*	könntest
Möglichkeit	*The phone? At this time of night? Who could that be?*	könnte
may		
Erlaubnis/Verbot	*May I leave a bit earlier today? / This room may not be used by students.*	
Angebot	*May I help you?*	
Möglichkeit	*He may still be at school.*	
might		
Möglichkeit	*There might be some rain later in the afternoon.*	
must		
Zwang, Notwendigkeit	*You're ill. You must stay in bed.*	
Wahrscheinlichkeit	*That boy over there must be Jessica's brother.*	
mustn't		
Verbot	*You mustn't feed the animals. If you do, they'll get ill.*	! darfst nicht
needn't		
Fehlen eines Zwangs/ einer Notwendigkeit	*You needn't feed the animals. I've already fed them.*	! brauchst nicht, musst nicht
shall		
Vorschlag	*Shall we take the bus? Or shall I phone for a taxi?*	
should		
Ratschlag	*I think you should go and see a doctor.*	
Verpflichtung	*Hats and coats should be left at the door.*	
Wahrscheinlichkeit	*They should be home by now.*	
will ✱ *will-future: 20*		
Vorhersage, Vermutung	*I'm sure it will be very hot in Greece in August.*	
Wahrscheinlichkeit	*Ah, the phone! That will be Uncle Henry.*	
would ✱ *would im Bedingungssatz: 48–49*		
Bitte/Aufforderung	*Would you pass the sugar, please?*	
Angebot	*Would you like some more coffee?*	

23.4 *needn't* or *mustn't?*

Ü S. 106: 44

- keine Notwendigkeit: *needn't*

  You needn't phone me.
  Du musst mich nicht anrufen. /
  Du brauchst mich nicht anzurufen.

- Verbot: *mustn't*

  You mustn't phone me.
  Du darfst mich nicht anrufen.

23.5 „können": *can – (to) be able to*

Most kids can use a computer. /
Most kids are able to use a computer.

My sister was able to ride a bike when she was four. /
My sister could ride a bike when she was four.

Could you read when you were five? I couldn't.

I could hear music, but I couldn't see anybody.

Have you been able to contact the phone company?
Hast du die Telefonfirma erreichen können?

Jo is ill. He won't be able to come tomorrow.
Jo ist krank. Er wird morgen nicht kommen können.

- ***present tense:***
  can und ***am/is/are able to***

- ***past tense:***
  was/were able to und ***could***
  could steht vor allem in verneinten Sätzen und Fragen und mit Verben der Wahrnehmung *(see, hear, feel, …).*

- ***present perfect:***
  have/has been able to

- ***will-future:***
  will be able to

23.6 „dürfen": *can, may – (to) be allowed to*

Can/May I go to Ashley's party on Friday, Mum?
Is your sister allowed to go to Ashley's party?

- ***present tense:***
  can, may und ***am/is/are allowed to***

Yesterday we were allowed to watch the late film on TV.
On Saturdays we could always stay up till midnight.

- ***past tense:***
  was/were allowed to und ***could***

I've always been allowed to wear what I like.
Ich habe schon immer anziehen dürfen, was ich will

- ***present perfect:***
  have/has been allowed to

I don't know if I'll be allowed to go to the disco on Friday.
Ich weiß nicht, ob ich am Freitag in die Disko gehen darf.

- ***will-future:***
  will be allowed to

Jeans must not be worn at this school.
Jeans dürfen an dieser Schule nicht getragen werden.
At some schools you're not allowed to wear jeans.
An manchen Schulen darf man keine Jeans tragen.

! Für ausdrückliche Verbote wird ***mustn't*** oder ***be not allowed to*** verwendet.

23.7 „müssen": *must – (to) have to*

John can go to the party, but he has to be back by 11 o'clock.
John's mother said: 'You must be back by 11 o'clock.'

- ***present tense:***
  have/has to und ***must*** (*have to* ist häufiger als *must*, auch in der Gegenwart!)

  Um auszudrücken, dass jemand etwas **nicht tun muss**:
  do/does not have to oder ***needn't***

You don't have to wear a dress, you can wear jeans. /
You needn't wear a dress, you can wear jeans.
Du musst kein Kleid anziehen, …

I had to get up really early this morning – at 5 o'clock!
When did you have to get up?

- ***past tense:***
  had to

We've never had to do so much homework.
Wir haben noch nie so viele Hausaufgaben machen müssen.

- ***present perfect:***
  have/has had to

You will have to work harder this year.
Du wirst dieses Jahr härter arbeiten müssen.

- ***will-future:***
  will have to

Do you have to wear a school uniform at your school?
Did you have to tell Hannah that I kissed Sophia?
I felt ill, but I didn't have to see the doctor.

! ***(to) have to*** ist ein Vollverb, also werden Fragen und Verneinungen im *simple present* und *simple past* mit *do/does/did* gebildet.

24 The passive (Das Passiv) 3: 3 / 4: 3

Ü S. 107–108: 47–50

24.1 Active and passive (Aktiv und Passiv)

	Subject	
Active:	*Christopher Wren*	*designed St Paul's in the 1670s.*
	Christopher Wren	entwarf St Paul's in den siebziger Jahren des 17. Jahrhunderts.
Passive:	*St Paul's*	*was designed in the 1670s.*
	St Paul's	wurde in den siebziger Jahren des 17. Jahrhunderts entworfen.

Man kann einen Vorgang auf zwei verschiedene Weisen beschreiben:

- Man kann einen **Aktivsatz** verwenden und sagen, **wer oder was etwas tut**. Der Beispielsatz sagt etwas über Wren aus, nämlich dass (und wann) er St Paul's Cathedral entworfen hat.
- Man kann einen **Passivsatz** verwenden und sagen, **mit wem oder womit etwas geschieht**. Der Beispielsatz sagt etwas über St Paul's Cathedral aus, nämlich dass sie in den siebziger Jahren des 17. Jahrhunderts entworfen wurde.

24.2 Form (Form)

Simple present	*Lots of cars*	*are*	*stolen.*
		… werden gestohlen.	
Simple past	*Lots of cars*	*were*	*stolen.*
		… wurden gestohlen.	
Present perfect	*Lots of cars*	*have been*	*stolen.*
		… sind gestohlen worden.	
Past perfect	*Lots of cars*	*had been*	*stolen.*
		… waren gestohlen worden.	
***will*-future**	*Lots of cars*	*will be*	*stolen.*
		… werden gestohlen werden.	
***going to*-future**	*Lots of cars*	*are going to be*	*stolen.*
		… werden gestohlen werden.	
Modal auxiliaries	*Lots of cars*	*could/might be*	*stolen.*
		… könnten gestohlen werden.	

Das Passiv wird mit einer **Form von *be* + Partizip Perfekt** *(past participle)* gebildet.

▸ *Bildung des Partizip Perfekt: 15.1*

24.3 Use (Gebrauch)

Yesterday a drunk driver hit a 15-year-old boy in Lichfield Road. The boy was taken to hospital, where he was treated for shock. He is now recovering. The driver was taken to Horton Road police station. He is answering police questions.

Yesterday a drunk driver hit a 15-year-old ***boy*** *… **The boy** was taken … where **he** was treated … **He** is now recovering. …*

Mit Passivsätzen kann man Handlungen beschreiben, **ohne zu sagen, wer die Handlung ausführt**.
Das Passiv wird daher oft in Nachrichten, in Zeitungsartikeln, in technischen Beschreibungen und auf Schildern verwendet, wenn man den „Täter" oder „Verursacher" nicht nennen kann oder nicht nennen will.

Oft wechselt man zwischen Aktiv- und Passivsätzen, wenn man mehrere Aussagen über dieselbe Person oder Sache macht.

Pets should not be brought to school.
Man sollte keine Haustiere mit zur Schule bringen.

Two helicopters could be seen.
Man konnte zwei Hubschrauber sehen.

Im Deutschen werden englische Passivsätze oft durch einen Aktivsatz mit „man" wiedergegeben.

24.4 Passive sentences with *by* … (Passivsätze mit *by* …)

St Paul's Cathedral ***was designed by Christopher Wren****.*
… wurde von Christopher Wren entworfen.

Half the village ***was destroyed by an earthquake****.*
… wurde durch ein Erdbeben zerstört.

Wenn man in einem Passivsatz den „Täter" oder „Verursacher" nennen will, verwendet man die Präposition **by** („von", „durch").

24.5 The passive with different kinds of verbs
(Das Passiv verschiedener Arten von Verben)

	Subject		Object	
Active:	***A girl***	*attacked*	***him****.*	Ein Mädchen griff ihn an.
Passive:	***He***	*was attacked by a girl.*		
	Er wurde von einem Mädchen angegriffen.			

Das Passiv kann von Verben gebildet werden, auf die im Aktiv ein Objekt folgt.

Das Subjekt des Passivsatzes entspricht dem Objekt des Aktivsatzes.

	Subject		Object	
Active:	***A girl***	*helped*	***him****.*	Ein Mädchen half ihm.
Passive:	***He***	*was helped by a girl.*		
	Ihm (Dativobjekt) wurde … geholfen.			

Das **Subjekt des englischen Passivsatzes** (im Beispiel links: ***He***) kann auch einem **deutschen Dativobjekt** (hier: Ihm) entsprechen.

They were thanked *for their work.*
Ihnen wurde für ihre Arbeit gedankt. /
Man dankte ihnen für ihre Arbeit.

He was told *to leave.*
Ihm wurde befohlen zu gehen. / Man sagte ihm, dass er gehen soll.

I was advised *to go to college.*
Mir wurde geraten, aufs College zu gehen. /
Es wurde mir geraten, aufs College zu gehen.

We were joined *by a group of Spanish tourists.*
Eine Gruppe spanischer Touristen schloss sich uns an.

Links findest du weitere Beispiele von Sätzen, bei denen das Subjekt des englischen Passivsatzes einem deutschen Dativobjekt entspricht.

The landlady gave us the key to our room.
Die Vermieterin gab uns den Schlüssel zu unserem Zimmer.

The company offered her a TV role.
Die Firma bot ihr eine Fernsehrolle an.

Wie du weißt, können manche Verben zwei Objekte nach sich haben:
- ein **indirektes Objekt** (**Personenobjekt**)
- ein **direktes Objekt** (**Sachobjekt**).

Beispiele: *give, offer, pay, send, show, tell.*

▸ *Sätze mit zwei Objekten: 5*

	Subject		
Active:	*The company*	*offered her a TV role.*	
Passive:	*She*	*was offered a TV role.*	
	Ihr *(Dativobjekt)* wurde eine Fernsehrolle *(Subjekt)* angeboten.		

* *Auch das **direkte Objekt (Sachobjekt)** kann zum Subjekt des Passivsatzes werden. Das Personenobjekt wird dann meist mit **to** angehängt:*
A TV role was offered **to her**.

- Im Englischen wird meist das **indirekte Objekt** (Personenobjekt) zum Subjekt des Passivsatzes.*
  Diese Art des Passivs wird ***personal passive*** („**persönliches Passiv**") genannt.
- Im Deutschen kann nur das **direkte Objekt** (Sachobjekt) zum Subjekt des Passivsatzes werden (hier: *eine Fernsehrolle*). Die Dativform des Personenobjekts bleibt im Passivsatz erhalten:
  Ihr *wurde eine Fernsehrolle angeboten.*

*We **were given** the key and went up to our room.*
Wir bekamen den Schlüssel und gingen auf unser Zimmer. /
Uns wurde der Schlüssel gegeben …

*He **was paid** a lot of money for his book.*
Er bekam viel Geld für sein Buch. /
Ihm wurde eine Menge Geld gezahlt für sein Buch.

*She **was promised** two million dollars per year.*
Man hat ihr zwei Millionen Dollar pro Jahr versprochen. /
Ihr wurden zwei Millionen Dollar pro Jahr versprochen.

Links findest du weitere Beispiele für das ***personal passive***.

Solche Passivsätze sind im Englischen sehr häufig. Im Deutschen müssen andere Konstruktionen verwendet werden.

	Subject	
Active:	*People*	*will **talk about this film** for weeks.*
Passive:	***This film***	*will **be talked about** for weeks.*
	Über diesen Film wird wochenlang geredet werden.	

! Beachte, dass beim Passiv von **mehrteiligen Verben** (z. B. *talk about sth., look after sb., pay for sth.*) die Einheit aus Verb und Präposition erhalten bleibt.
Vergleiche den englischen Passivsatz mit seiner deutschen Entsprechung.

25 Question tags (Frageanhängsel) 4: 4

25.1 Use (Gebrauch)

You've** been here before, **haven't you?
Du warst schon mal hier, nicht wahr?

You didn't** have to wait, **did you?
Du musstest nicht warten, ne?

We can** start now, **can't we?
Wir können jetzt anfangen, nicht?

Frageanhängsel *(haven't you? / did you? / can't we? / …)* werden oft in Gesprächen benutzt, wenn man vom Gesprächspartner **Zustimmung** zu seiner Aussage erwartet. Deutsche Frageanhängsel sind zum Beispiel „nicht wahr?", „nicht?", „ne?", „ja?".
Die Stimme geht am Ende des Satzes wie bei einem Aussagesatz nach unten, obwohl der Satz mit einem Fragezeichen endet.

25.2 Form (Form)

bejaht	verneint
Grace can speak French,	*can't she?*
'Yesterday' is a song by the Beatles,	*isn't it?*
Dad has repaired the bike,	*hasn't he?*

verneint	bejaht
Jake can't swim,	*can he?*
Chips weren't invented in Britain,	*were they?*
You haven't seen Tim,	*have you?*
John didn't hurt you,	*did he?*

Frageanhängsel bestehen aus einem **Hilfsverb** und dem zum Subjekt passenden **Personalpronomen**.

- Wenn der **Aussagesatz bejaht** ist, ist das **Frageanhängsel verneint**.
- Wenn der **Aussagesatz verneint** ist, ist das **Frageanhängsel bejaht**.

*Your parents **live** in Bristol, **don't** they?*
*Mr Connor **looks** good, **doesn't** he?*
*You **met** your girlfriend in Spain, **didn't** you?*

! Enthält ein Satz kein Hilfsverb, sondern nur ein Vollverb, dann steht im Frageanhängsel ***don't, doesn't*** oder ***didn't***.

Ghost stories can be so scary, can't they?

26 The infinitive (Der Infinitiv)

Ü S. 109–110: 51–53

26.1 Forms (Formen)

	Active	Passive
Present infinitive	***(to) find*** finden	***(to) be found*** gefunden werden
Perfect infinitive	***(to) have found*** gefunden haben	***(to) have been found*** gefunden worden sein

Es gibt vier Infinitiv-Formen.

26.2 The infinitive without *to* (Der Infinitiv ohne *to*)

*Julie **can speak** Russian.* — Julie kann Russisch sprechen.
*You **needn't help** me.* — Du brauchst mir nicht zu helfen.
*Paul **doesn't like** Shakira.* — Paul mag Shakira nicht.
*I **didn't ask** her.* — Ich habe sie nicht gefragt.

Der Infinitiv ohne *to* steht nach modalen Hilfsverben *(can, could, may, might, …)* und nach *do/does/did*.

▸ *Modale Hilfsverben: 23*

26.3 The *to*-infinitive (Der Infinitiv mit *to*) 4: 3

__Nice to meet__ you. — Nett, dich kennenzulernen.
*I think it's **time to go**.* — …, es ist Zeit zu gehen.
*But you **promised to help** me!* — … mir zu helfen.

▸ *to-Infinitiv oder Gerundium nach bestimmten Verben?: 27.3*

- Der *to*-Infinitiv kann einem deutschen Infinitiv mit **„zu"** entsprechen.

*Dad has gone to the post office **to buy** some stamps.*
Dad ist zur Post gegangen, **um** Briefmarken **zu kaufen**.

*She turned on the radio **to listen** to the news.*
Sie schaltete das Radio ein, **um** Nachrichten **zu hören**.

- Mit dem *to*-Infinitiv kann ein **Zweck**, ein **Ziel**, eine **Absicht** ausgedrückt werden. (deutsch: Infinitiv mit **„um zu"**)

	Verb	Object	*to*-infinitive
Mike	***taught***	***his sister***	***to ride** a bike.*
May we	***ask***	***you***	***not to smoke** in the building?*

Mike brachte seiner Schwester bei, Rad zu fahren.
Wir möchten Sie bitten, im Gebäude nicht zu rauchen.

- Nach bestimmten Verben kann ein **Objekt + *to*-Infinitiv** stehen, z.B. *(to) **allow/ask/help/teach sb. to do** sth.* Im Deutschen steht meist ein Infinitiv mit **„zu"**.

K

*Grandma **expects us to be** home by 10.*
Oma erwartet, dass wir um 10 zu Hause sind.

*Miss Black **told us to meet** in the car park.*
Miss Black sagte, dass wir uns auf dem Parkplatz treffen sollten.

*She**'d like the whole class to help** with the festival.*
Sie möchte, dass die ganze Klasse beim Fest mithilft.

*I**'ve** always **wanted him to kiss** me.*
Ich habe mir schon immer gewünscht, dass er mich küsst.

! Auch nach den Verben ***cause, expect, tell, want, would like, would love*** kann ein **Objekt + *to*-Infinitiv** stehen.
Nach den entsprechenden deutschen Verben steht oft ein **Nebensatz mit „dass"**. Aber auf die englischen Verben darf kein *that*-Satz folgen!
Vergleiche:
*Wir **wollen**, **dass du uns hilfst**.*
*We **want you to help us**.*
Nicht: *We want ~~that you help us~~.*

- Auf *ask, explain, find out, know, show, tell, wonder* folgt oft eine Kombination aus **Fragewort + *to*-Infinitiv**.
  Diese Fügungen entsprechen einem Nebensatz mit modalem Hilfsverb.
  Vergleiche:
  *I didn't know **who to ask**.*
  *I didn't know **who I should/could ask**.*
  („…, wen ich fragen sollte/könnte.")

*They wondered **whether to stay** or **to leave**.*
Sie fragten sich, ob sie bleiben oder gehen sollten.

Auch auf ***whether*** („ob") kann der ***to*-Infinitiv** folgen.

27 The gerund (Das Gerundium) 4: 1

Ü S. 110–112: 54–57

27.1 The *-ing* form as a noun (Die *-ing*-Form als Nomen)

*(to) work + **-ing** → **working***
*Jenna is **working** in the garden.*

▸ *Verlaufsformen: 8.2, 11, 14, 16, 18*

Man kann von jedem Vollverb eine ***-ing*-Form** bilden. Sie wird für die Verlaufsformen *(progressive forms)* benötigt.

***Reading** is fun.*	(Vergleiche: ***Yoga** is fun.*)
*I love **reading**.*	(Vergleiche: *I love **yoga**.*)

Die ***-ing*-Form** kann auch **wie ein Nomen** verwendet werden. Sie wird dann als **Gerundium *(gerund)*** bezeichnet.

***Reading animal stories** is fun.*
Tiergeschichten zu lesen… / Das Lesen von Tiergeschichten …

*I love **reading in bed at night**.*
Ich liebe es, nachts im Bett zu lesen.

Das Gerundium kann – wie ein Verb – erweitert werden, z.B. durch ein **Objekt** *(animal stories)* oder eine **Orts- oder Zeitangabe** *(in bed at night)*.

27.2 The gerund as subject (Das Gerundium als Subjekt)

Subject	
Cycling	*is fun.*
Cycling in big cities	*can be dangerous.*

In großen Städten Rad zu fahren kann gefährlich sein. /
Das Radfahren in großen Städten kann gefährlich sein.

Wie jedes Nomen kann das Gerundium (und seine Erweiterung) **Subjekt** eines Satzes sein.
Im Deutschen wird es oft durch einen Infinitiv mit „zu" oder durch ein Nomen wiedergegeben.

27.3 The gerund as object (Das Gerundium als Objekt)

	Object	
*Dad **gave up***	***smoking***	*years ago.*
*My sister **stopped***	***eating meat***	*when she was 15.*

Meine Schwester hat aufgehört, **Fleisch zu essen**, als sie 15 war.

Das Gerundium (und seine Erweiterung) kann auch **Objekt** eines Satzes sein.

*Do you **miss** **seeing** your friends when you're on holiday?*
*You never **mentioned** **meeting** the Queen.*
*I need to **practise** **writing** essays.*
*I **don't mind** **looking after** my little sister.*
*Mr Baker **suggested** **going** for a walk although it was raining.*

K *I **enjoy** living in Bristol.*
Ich genieße es, in Bristol zu leben. / Ich lebe gern in Bristol.

*I can't **imagine** living in Glasgow.*
Ich kann mir nicht vorstellen, in Glasgow zu leben.

! **Beachte**:
- Nach manchen Verben **muss** ein weiteres Verb als Gerundium stehen.
  Zu diesen Verben gehören ***enjoy, finish, give up, imagine, mention, mind, miss, practise, stop, suggest***.
  Im Deutschen verwendet man nach den meisten dieser Verben den Infinitiv.
  Im Englischen darf **kein Infinitiv** stehen!
  Also nie: *I ~~enjoy to live~~ …*
  I can't ~~imagine to live~~ …

My brother	***began learning*** / ***began to learn***	*yoga last summer.*
Jeremy	***prefers staying*** / ***prefers to stay***	*in bed on Sundays.*

***I'd love** (= I **would love**) **to learn** Spanish.*
***Would** you **like to go** out? – No, **I'd prefer to stay** at home.*

- Nach ***begin, continue, hate, like, love, prefer, start*** kann – bei gleicher Bedeutung – ein Gerundium **oder** ein *to*-Infinitiv stehen.

! Aber nach ***would like, would love, would hate, would prefer*** kann **nur** der *to*-Infinitiv stehen.

27.4 The gerund after prepositions
(Das Gerundium nach Präpositionen)

*They left the shop **without** **paying**.*
…, ohne zu bezahlen.

*He caused an accident **by** **driving** too fast.*
…, indem er zu schnell fuhr / …, dadurch dass er zu schnell fuhr / … durch zu schnelles Fahren.

***After** all that **singing** and **dancing**, we were thirsty.*
Nach all dem Singen und Tanzen … / Nachdem wir so viel gesungen und getanzt hatten …

***Instead of** **waiting** for the bus, we decided to walk home.*
Anstatt auf den Bus zu warten …

*Christopher Wren is famous **for** **designing** St Paul's Cathedral.*
… berühmt dafür, dass er St Paul's Cathedral entworfen hat.

Wenn auf eine **Präposition** *(after, at, by, for, in, instead of, of, with, without, …)* ein **Verb** folgt, dann steht dieses Verb als Gerundium.

Sieh dir die verschiedenen deutschen Entsprechungen an.

Auf der nächsten Seite findest du eine Reihe von nützlichen Wendungen mit **Präposition + Gerundium**.

Adjective + preposition + gerund

*My brother is **afraid of** **going** in lifts.*	Angst vor etwas haben
*I'm **excited about** **flying** to New York.*	aufgeregt sein wegen etwas; sich auf etwas freuen
*Are you **good** or **bad at** **giving** presentations?*	gut/schlecht in etwas sein
*My sister is **interested in** **sailing**.*	interessiert sein an etwas; sich für etwas interessieren
*Jonathan is **nervous about** **flying**.*	Angst vor etwas haben
*We're **tired of** **waiting**.*	genug von etwas haben; etwas satt haben

Noun + preposition + gerund

*They had no **chance of** **catching** the train.*	Chance, Gelegenheit *(den Zug zu bekommen)*
*The boat was in **danger of** **sinking**.*	Gefahr *(zu sinken)*
*Do you think there's still **hope of** **winning** the match?*	Hoffnung *(zu gewinnen)*
*I like the **idea of** **giving** a party for Grandma.*	Vorstellung, Idee *(eine Party für Oma zu geben)*
*What were your **reasons for** **moving** to Berlin?*	Grund *(nach Berlin zu ziehen)*
*There must be other **ways of** **getting** into the building.*	Art und Weise, Weg *(ins Gebäude zu gelangen)*

Verb + preposition + gerund

*Emily **was against** **inviting** the Clarke twins.*	gegen etwas sein
*We **decided against** **taking** the bus.*	sich gegen etwas entscheiden
*Grandma **dreams of** **meeting** the Queen.*	von etwas träumen
*They've been **talking about** **closing** that cinema for months.*	über etwas sprechen, von etwas reden
*Have you **thought of** **changing** school?*	an etwas denken, etwas in Betracht ziehen
*He **worries about** **losing** his job.*	sich Sorgen machen wegen/um etwas

*We **look forward to** **hearing** from you.*
Wir freuen uns darauf, von Ihnen zu hören.

! Das ***to*** in ***look forward to*** („sich freuen auf") ist eine Präposition. Ein folgendes Verb muss daher als Gerundium stehen. Also nie: *We ~~look forward to hear~~ from you.*

Morph dreams of becoming a racing driver.

27.5 The gerund with 'its own subject'

(Das Gerundium mit „eigenem Subjekt")

1 *Olivia can't **imagine moving** to Italy.*
Olivia kann sich nicht vorstellen, nach Italien zu ziehen.

- In **Satz 1** bezieht sich *moving* auf *Olivia*.

2 *Olivia can't **imagine** her sister **moving** to Italy.*
Olivia kann sich nicht vorstellen, dass ihre Schwester nach Italien zieht.

- In **Satz 2** hat das Gerundium *moving* ein eigenes Subjekt: *her sister*.

28 Participles (Partizipien) 4:5

Ⓤ S. 112–114: 58–61

28.1 Forms (Formen)

Present participle *(-ing)*

(to) stay	→ ***staying***	*(to) try*	→ ***trying***
(to) phone	→ ***phoning***	*(to) plan*	→ ***planning***

▸ *Verlaufsformen: 8.2, 11, 14, 16, 18 / Das Gerundium: 27*

Past participle, regular verbs *(-ed)*

(to) stay	→ ***stayed***	*(to) try*	→ ***tried***
(to) phone	→ ***phoned***	*(to) plan*	→ ***planned***

Past participle, irregular verbs ▸ *Unregelmäßige Verben: 63*

(to) go	→ ***gone***	*(to) meet*	→ ***met***
(to) take	→ ***taken***	*(to) write*	→ ***written***

▸ *Perfect tenses: 15, 17, 22 / Das Passiv: 24*

Es gibt zwei Arten von Partizipien:

- Das **Partizip Präsens *(present participle)*** endet auf ***-ing***.
  Du kennst die *-ing*-Form von den Verlaufsformen und in der Rolle eines Nomens (als Gerundium).
- Die 3. Form des Verbs nennt man **Partizip Perfekt *(past participle)***.
  Das Partizip Perfekt der regelmäßigen Verben endet auf ***-ed***.
  Unregelmäßige Verben haben eigene 3. Formen, die man einzeln lernen muss.
  Du kennst das Partizip Perfekt von den *perfect tenses* und vom Passiv.

28.2 Participle clauses instead of relative clauses
(Partizipialsätze anstelle von Relativsätzen)

Ⓤ S. 113: 59–60

Participle clause

*The train **arriving on platform 5** will continue to Bristol.*
Der Zug, der (gerade) auf Gleis 5 einfährt, …

*The boy **talking to me at the bus stop** was my cousin.*
Der Junge, der an der Bushaltestelle mit mir geredet hat, …

Relativsätze, die beschreiben, was gerade vor sich geht *(present progressive)* oder vor sich ging *(past progressive)*, werden oft zu einem Partizipialsatz verkürzt:

- *the train **that is arriving** on platform 5*
  → *the train **arriving** on platform 5*
- *the boy **that was talking** to me*
  → *the boy **talking** to me*

28.3 Verbs of perception + object + present participle
(Verben der Wahrnehmung + Objekt + Partizip Präsens)

Ⓤ S. 114: 61

		Verb of perception	Object	Present participle	
1	*I*	***heard***	***people***	***shouting***.	
2	*John*	***saw***	***two men***	***running***	*out of the bank.*
3	*Emily*	***noticed***	***some men***	***getting***	*into a black car.*
4	*We*	***watched***	***the car***	***driving***	*down the street.*

1 Ich hörte Leute schreien.
2 John sah zwei Männer aus der Bank laufen.
3 Emily bemerkte, wie/dass einige Männer in ein schwarzes Auto stiegen.
4 Wir beobachteten, wie das Auto die Straße hinunterfuhr.

Auf **Verben der Wahrnehmung** wie ***feel, hear, listen to, notice, see, smell, watch*** kann ein **Objekt + Partizip Präsens** folgen. Mit solchen Sätzen bringt man zum Ausdruck, dass man etwas wahrnimmt, das gerade im Gang ist.

Im Deutschen steht in solchen Fällen ein Infinitiv (Sätze 1, 2) oder ein Nebensatz mit „wie“ oder „dass“ (Sätze 3, 4).

The noun (Das Nomen)

29 The plural of nouns (Der Plural der Nomen)

(Ü) S. 114: 62

	Singular			Plural	
one	***cat***		*two*	***cats***	[-s]
	dog			***dogs***	[-z]
	tree			***trees***	[-z]
	bus	[-s]		***buses***	[-ɪz]
	bridge	[-dʒ]		***bridges***	[-ɪz]

Der Plural (die Mehrzahl) eines Nomens wird in der Regel mit **-s** gebildet:

Singular* + s = *Plural

Nach Zischlauten, z. B. [s], [z], [ʃ], [tʃ], [dʒ], wird **-es** oder **-s** angehängt, je nach Schreibung des Singulars.

	Singular			Plural	
one	***story***		*two*	***stories***	
	monkey			*monkeys*	
one	***half, knife, life, scarf, shelf, thief***		*two*	***halves, knives, lives, scarves, shelves, thieves***	
one	***hero***		*two*	***heroes***	
	potato			***potatoes***	
	tomato			***tomatoes***	
one	***child***	[tʃaɪld]	*two*	***children***	['tʃɪldrən]
	man	[mæn]		***men***	[men]
	woman	['wʊmən]		***women***	['wɪmɪn]
	foot			***feet***	
	mouse			***mice***	
	tooth			***teeth***	
one	***deer***		*two*	***deer***	
	fish			***fish***	
	sheep			***sheep***	

! Beachte:

- ***-y*** nach **Konsonant** wird zu ***-ies***.
  (Aber ***-y*** nach **Vokal** bleibt ***-y***.)
- Nomen, die auf ***-f*** oder ***-fe*** enden, bilden den Plural meist mit ***-ves***.
- Die Nomen ***hero, potato*** und ***tomato*** bilden den Plural mit ***-es***.
  (Aber: *discos, kilos, photos, pianos, radios, studios, videos*)
- Einige Nomen haben **unregelmäßige Pluralformen**.

30 Plural nouns (Nomen, die nur im Plural stehen)

(Ü) S. 115: 63

K **Plural im Englischen – Singular im Deutschen**

*Those **trousers/jeans** are great. Were they expensive?*
Die **Hose/Jeans** ist toll. War sie teuer?

*Where are my **glasses/scissors**? Have you seen them?*
Wo ist meine **Brille/Schere**? Hast du sie gesehen?

*I need some new **swimming trunks**. These are too small.*
Ich brauche eine neue **Badehose**. Diese ist zu klein.

*These **earphones/headphones** sound great. Can we buy them?*
Dieser **Kopfhörer** klingt toll. Können wir ihn kaufen?

*I bought **a new pair of jeans** yesterday.*	eine neue Jeans
*Why do you need **two pairs of glasses**?*	zwei Brillen

Einige englische Nomen werden – anders als ihre deutschen Entsprechungen – **immer im Plural** gebraucht:

- Sie haben keinen Singular und dürfen nicht mit dem unbestimmten Artikel *a* oder mit den Zahlwörtern *one/two/three* usw. verwendet werden.
- Achte darauf, dass auch die zugehörigen Begleiter, Verben und Pronomen im Plural stehen.

! Wenn man eine bestimmte Anzahl Hosen, Brillen usw. nennen möchte, muss man ***a pair of …, two pairs of …*** verwenden.

K

__Clothes__ are often expensive in small boutiques.
Kleidung ist / **Kleider** sind oft teuer …

These __stairs__ aren't very safe.
Diese **Treppe** ist / Diese **Treppen** sind nicht sehr sicher.

The __cattle__ are hungry. You should feed them.
Das **Vieh** hat Hunger / ist hungrig. Du solltest es füttern.

Where are the __police__? Did you call them?
Wo ist die **Polizei**? Hast du sie gerufen?

! Zu den Nomen, die keinen Singular haben und immer als Plural verwendet werden, gehören auch ***clothes*** und ***stairs*** sowie ***cattle*** („Vieh, Rinder") und ***police***.

31 Uncountable nouns (Nicht zählbare Nomen) 4: 2

Ü S. 115–116: 64–65

Zählbare Nomen (Countable nouns)

a friend	–	***two friends***	***an idea***	–	***some ideas***
a book	–	***lots of books***	***one year***	–	***many years***

Nicht zählbare Nomen (Uncountable nouns)

bread Brot	***milk*** Milch	***salt*** Salz
butter Butter	***money*** Geld	***sugar*** Zucker
cheese Käse	***music*** Musik	***time*** Zeit
coffee Kaffee	***paper*** Papier	***traffic*** Verkehr
luck Glück	***plastic*** Plastik	***water*** Wasser

Two __litres of milk__ and a __kilo of sugar__, please.
Would you like a __cup of coffee__ or a __glass of water__?
There's a __piece of plastic__ in my cornflakes.

Im Englischen und im Deutschen sind die meisten Nomen **zählbar** – sie bezeichnen etwas, das man zählen kann. Zählbare Nomen kommen im Singular und im Plural vor.

Nicht zählbare Nomen bezeichnen etwas, das man nicht zählen kann.
Nicht zählbare Nomen haben keinen Plural und stehen nicht mit *a/an* oder *one/two/three* usw. Auch die zugehörigen Begleiter, Verben und Pronomen stehen im Singular.

Wenn man bestimmte Mengen oder eine bestimmte Anzahl nennen möchte, verwendet man passende Wendungen wie ***a kilo of …, a piece of …, two packets of …*** .

K

Camping __equipment__ doesn't have to be expensive!
Camping-Ausrüstungen müssen nicht teuer sein!

I like your new __furniture__. Where did you buy it?
Ich mag deine neuen Möbel. Wo hast du sie gekauft?

Your __hair__ looks nice. Who cut it?
Deine Haare sehen gut aus. Wer hat sie geschnitten?

That's too much __homework__. I can't do it all tonight.
Das sind zu viele Hausaufgaben. Ich kann sie nicht alle heute Abend machen.

Where did you get this __information__? It's priceless!
Woher hast du diese Information(en)? Sie ist/sind unbezahlbar!

No __news__ is good news. … sind gute Nachrichten.
__The USA__ is a very big country. … sind ein sehr großes Land.

▸ *Mengenangaben bei zählbaren und nicht zählbaren Nomen: 36.1*

! Die folgenden englischen Nomen sind **nicht zählbar** (anders als ihre deutschen Entsprechungen):

advice	*Rat(schlag)/Ratschläge*
equipment	*Ausrüstung(en)*
experience	*Erfahrung(en)*
furniture	*Möbel*
hair	*Haar(e)*
homework	*Hausaufgabe(n)*
information	*Information(en)*
research	*Forschung(en).*

Das zugehörige Verb sowie zugehörige Begleiter und Pronomen stehen **im Singular**.

Auch ***news*** und ***the Unites States/the USA*** werden als Singulare verwendet – trotz des Plural-***s***.

Additional information

uncountable	countable
*Your **hair** looks great.* deine Haare, deine Frisur	*There are some **hairs** on your jacket.* ein paar (einzelne) Haare
***Glass** breaks easily.* Glas	*We need some more **glasses**.* mehr Gläser
*Is there any **coffee/tea**?* Kaffee/Tee	*Two **coffees** and two **teas**, please.* zwei Kaffee und zwei Tee
***Sugar** makes you fat.* Zucker	*Milk and two **sugars**, please.* zwei (Stück) Zucker
*I need some **paper** for the printer.* Papier	*Your **papers**, please.* Ihre Papiere, bitte.

Manche Nomen können je nach Bedeutung zählbar oder nicht zählbar sein. Vergleiche die Beispiele links.

32 *s*-genitive and *of*-phrase (*s*-Genitiv und *of*-Fügung)

Ü S. 116: 66

*Is that **John's car** over there?* … Johns Auto
*What was **the woman's name**?* … der Name der Frau

Singular:	*'s*	***the girl's room*** das Zimmer des Mädchens
Plural auf -*(e)s*:	*'*	***the girls' room*** das Zimmer der Mädchen
Plural nicht auf -*(e)s*:	*'s*	***the children's room*** das Zimmer der Kinder

- Wenn man sagen will, dass etwas **einer Person gehört** (oder zu einer Person gehört), benutzt man den ***s*-Genitiv**.

***the girl's** trophies*

***the girls'** trophies*

***The doors of his car** were open.* Die Türen seines Autos …
*What's **the name of the street**?* … der Name der Straße

- Wenn man sagen will, dass etwas **zu einer Sache gehört**, benutzt man die ***of*-Fügung**.

I felt ill and went ***to the doctor's****.*	zum Arzt
My sister is ***at the hairdresser's****.*	beim Friseur
Is there a ***chemist's*** *(shop) near here?*	eine Apotheke
We went to a party ***at the Devlin's*** *(house).*	bei den Devlins

Beachte:

- Der **s-Genitiv** steht auch bei bestimmten **Ortsangaben**, z.B. bei Geschäften oder Arztpraxen und bei Häusern und Wohnungen von Bekannten.
  Die Wörter *shop* oder *house/flat* werden weggelassen, sind aber mitgedacht.

Have you read ***today's paper*** *yet?*
... die Zeitung von heute / die heutige Zeitung

(on TV) And now for ***tomorrow's weather****: ...*
... das Wetter von morgen / das morgige Wetter

Do you know ***last week's football results****?*
... die Fußballergebnisse von letzter Woche / der letzten Woche

- **Zeitangaben wie** *today, yesterday, last week* können als **s-Genitiv** vor einem Nomen stehen.

two ***kilos of*** *potatoes*	zwei Kilo Kartoffeln
a ***pound of*** *coffee*	ein Pfund Kaffee
a ***metre of*** *rope*	ein Meter Seil
a ***piece of*** *cake*	ein Stück Kuchen
three ***pairs of*** *shoes*	drei Paar Schuhe
two ***bottles of*** *milk*	zwei Flaschen Milch
a ***glass of*** *water*	ein Glas Wasser
a ***packet of*** *crisps*	eine Packung Chips

- Die ***of*-Fügung** wird bei **Maß-** und **Mengenangaben** *(two kilos of ..., a metre of ...)* und bei **Behältnissen** *(two bottles of ..., a packet of ...)* verwendet.

the ***city of*** *Glasgow*	die Stadt Glasgow
the ***town of*** *Whitby*	die Stadt Whitby
the ***island of*** *Majorca*	die Insel Mallorca

- Die ***of*-Fügung** steht in **Ortsangaben** wie *the city of ..., the island of ...*

33 The prop word *one/ones* (Das Stützwort *one/ones*) 4: 2

Ü S. 117: 67

K

This mobile is better than the one you gave me.
Dieses Handy ist besser als das, das du mir gegeben hast.

These boots look nice. What about the black ones?
– I like the red ones better.
Diese Stiefel sehen gut aus. Wie wäre es mit den schwarzen?
– Ich mag die roten lieber.

Welchen hättest du gern? – Den kleinen.

Wenn man ein schon genanntes zählbares Nomen nicht wiederholen will, muss man ***one*** (Singular) bzw. ***ones*** (Plural) verwenden.

Man nennt *one/ones* **„Stützwort"**, weil im Englischen – anders als im Deutschen – Adjektive und der bestimmte Artikel nicht allein stehen können:
Sie brauchen eine „Stütze".

Determiners and pronouns
(Begleiter und Pronomen)

- **Begleiter** stehen vor einem Nomen: ***the*** *book* – ***a*** *girl* – ***my*** *CD* – ***this*** *road* – ***some*** *chips* – …
- **Pronomen** (Fürwörter, Stellvertreter) stehen anstelle eines Nomens: ***it*** *(the book)* – ***mine*** *(my CD)* – …

34 Overview (Übersicht)

Articles (Artikel) ▸ 35	*the – a/an*
Personal pronouns (Personalpronomen)	*I – you – he – she – it – we – you – they* *me – you – him – her – it – us – you – them*
Possessive determiners (Possessivbegleiter)	*my – your – his – her – its – our – your – their*
Possessive pronouns (Possessivpronomen)	*mine – yours – his – hers – ours – yours – theirs*
Demonstrative determiners/pronouns (Demonstrativbegleiter/-pronomen)	*this – that – these – those*
Quantifiers (Mengenangaben) ▸ 36	*a lot (of) – much – many – a little – a few – some – any – every – no – …*
Reflexive pronouns (Reflexivpronomen) ▸ 37	*myself – yourself – himself – herself – itself – ourselves – yourselves – themselves*
Relative pronouns (Relativpronomen) ▸ 52	*who – which – that – whose*

35 The articles (Die Artikel)

Ü S. 117: 68–69

35.1 Form and pronunciation (Form und Aussprache)

Der **bestimmte Artikel** *(definite article)* heißt ***the***, der **unbestimmte Artikel** *(indefinite article)* heißt ***a*** oder ***an***.

Bestimmter Artikel			Unbestimmter Artikel		
[ðə]	***the*** ***b**oy*	*der Junge*	***a***	***b**oy*	*ein Junge*
	the ***d**oor*	*die Tür*	***a***	***d**oor*	*eine Tür*
	the ***n**ew car*	*das neue Auto*	***a***	***n**ew car*	*ein neues Auto*
	the ***C**Ds*	*die CDs*			
[ði]	***the*** ***u**ncle*	*der Onkel*	***an***	***u**ncle*	*ein Onkel*
	the ***au**nt*	*die Tante*	***an***	***au**nt*	*eine Tante*
	the ***o**ld car*	*das alte Auto*	***an***	***o**ld car*	*ein altes Auto*
	the ***i**deas*	*die Ideen*			

- Wenn das Nomen (bzw. das Adjektiv) am Anfang mit einem **Konsonanten** gesprochen wird, steht der unbestimmte Artikel ***a***, und ***the*** wird [ðə] ausgesprochen.
- Wenn das Nomen (bzw. das Adjektiv) am Anfang mit einem **Vokal** gesprochen wird, steht der unbestimmte Artikel ***an***, und ***the*** wird [ði] ausgesprochen.

!

the *uncle* [ði‿'ʌŋkl]	***the*** *uniform* [ðə 'juːnɪfɔːm]
an *uncle* [ən‿'ʌŋkl]	***a*** *uniform* [ə 'juːnɪfɔːm]
the *hour* [ði‿'aʊə]	***the*** *house* [ðə 'haʊs]
an *hour* [ən‿'aʊə]	***a*** *house* [ə 'haʊs]

! Bei einigen wenigen Wörtern könnte die Schreibung zu Fehlern führen. Beachte, dass die **Aussprache** des Wortes entscheidend ist, nicht die Schreibung!

35.2 The definite article – special cases

(Der bestimmte Artikel – Besonderheiten) 4: 4

allgemein: ohne *the*

Life *in London is expensive.*	Das Leben in London …
Pollution *is a big problem.*	Die Umweltverschmutzung …
They ran out of ***oil****.*	Ihnen ging das Öl aus.
Most ***people*** *are afraid of war.*	Die meisten Menschen …
House ***prices*** *have gone up.*	Die Hauspreise …
Civil rights *are important.*	(Die) Bürgerrechte …

- **Abstrakte Nomen** *(life, love, noise, …),* **Stoffbezeichnungen** *(tea, oil, water, …)* und **Nomen im Plural** *(prices, people, …)*
  - stehen **ohne bestimmten Artikel**, wenn sie ganz allgemein verwendet werden (in den Beispielen geht es um das Leben in London, um Umweltverschmutzung, Öl, Menschen usw. im Allgemeinen).

näher bestimmt: mit *the*

What do you know about ***the life*** *of John Lennon?*
… das Leben von John Lennon
I'm worried about ***the pollution*** *of our oceans.*
… die Verschmutzung der Ozeane
The oil *that was found on his land made him rich.*
Das Öl, das auf seinem Land gefunden wurde, …
The people *in the photo don't look very happy.*
Die Menschen auf dem Foto …
The prices *you have to pay here are shocking.*
Die Preise, die man hier bezahlen muss, …
Adults should respect ***the rights*** *of children.*
… die Rechte von Kindern …

  - stehen **mit bestimmtem Artikel**, wenn sie näher bestimmt sind, z.B. durch eine *of*-Fügung, eine Ortsangabe oder einen Relativsatz (in den Beispielen geht es um ein ganz bestimmtes Leben, um die Verschmutzung der Ozeane, um das Öl auf jemandes Land usw.).

Funktion/Zweck: ohne *the*

We go ***to church*** *every Sunday.*
… in die Kirche *(zum Gottesdienst)*
He spent two years ***in prison****.*
… im Gefängnis *(um eine Strafe zu verbüßen)*
I know her ***from school****.*
… aus der Schule *(vom gemeinsamen Unterricht)*
Dad's ill. He's ***in hospital****. (AE: in the hospital)*
… im Krankenhaus *(zur Behandlung)*

- **Gebäudebezeichnungen** wie *church, hospital, prison, school, university*
  - stehen **ohne bestimmten Artikel**, wenn die Funktion / der Zweck des Gebäudes im Vordergrund steht

Ort/Bauwerk: mit *the*

There's a concert in ***the church*** *on Friday.*
He works in one of the factories behind ***the prison****.*
Go straight on till you get to ***the school****, then turn left.*

  - stehen **mit bestimmtem Artikel**, wenn es um den Ort / das Bauwerk geht.

I live ***in Bond Street / in Penny Lane / near Oxford Circus****.*
Let's go for a walk ***in Hyde Park****.*
Let's meet ***at Leicester Square****.*
They've got a little cabin ***near Lake Michigan****.*
Have you ever seen ***Buckingham Palace / St Paul's Cathedral****?*

- **Namen** von **Straßen, Plätzen, Parks, Seen, Bergen** stehen – anders als im Deutschen – in der Regel **ohne bestimmten Artikel**, ebenso die Namen vieler **Gebäude**.

35.3 The indefinite article – special cases
(Der unbestimmte Artikel – Besonderheiten)

*My mother is **a dentist**. I'd like to be **a fashion designer**.*
Meine Mutter ist Zahnärztin. Ich möchte Modedesigner/in werden.
*After more than 20 years in Berlin, he became **a German**.*
Nach mehr als 20 Jahren in Berlin wurde er Deutscher.

- Anders als im Deutschen stehen **Berufs-** und **Nationalitätsangaben** mit **unbestimmtem Artikel**.

*My father works **as an** engineer.*	... als Ingenieur
*You can use your shoe **as a** hammer.*	... als Hammer
*You can't get to the lake **without a** car.*	... ohne Auto

- Anders als im Deutschen steht der **unbestimmte Artikel** nach *as* („als") und nach *without*.

*We sell about 60 mobiles **a week**.*	... pro Woche
*The speed limit is 30 miles **an hour**.*	... pro Stunde
*Potatoes were 89p **a kilo**.*	... pro Kilo / das Kilo

- Der **unbestimmte Artikel** steht in der Bedeutung „pro", „je" vor **Zeitangaben** und vor **Maß- und Mengenangaben**.

36 Quantifiers (Mengenangaben)

Ü S. 118: 70–72

*We met **a lot of / lots of** other surfers on the beach.*
*There was **some** cheese but not **much** bread.*
*We haven't got **any** orange juice.*

Begleiter	*There's **some chocolate** in the kitchen.*
Pronomen	*Can I have **some**?*

Wenn man über **unbestimmte Mengen** spricht, benutzt man **Mengenangaben** wie *a lot (of), a few, much, many, some, any, no*.

Die meisten Mengenangaben können als **Begleiter** vor einem Nomen stehen oder als **Pronomen** verwendet werden.

36.1 Quantifiers with countable and uncountable nouns
(Mengenangaben bei zählbaren und nicht zählbaren Nomen) 4: 2

zählbar	*Can I have **some** apples, please?*	ein paar
nicht zählbar	*Can I have **some** milk, please?*	etwas

- Manche Mengenangaben stehen bei zählbaren und bei nicht zählbaren Nomen.

zählbar	*How **many** apples did you buy?*	wie viele
nicht zählbar	*How **much** milk did you buy?*	wie viel

- Andere stehen **nur** bei zählbaren oder **nur** bei nicht zählbaren Nomen.

▸ Nicht zählbare Nomen: 31

Sieh dir dazu die folgende Übersicht an.

Countable nouns		Uncountable nouns	
*I'd like **a lot of** children.*	viele	*I'd like **a lot of** money.*	viel
*I've got **some** ideas.*	einige/ein paar	*I've got **some** time.*	etwas
*There aren't **any** eggs.*	keine (mehr)	*There isn't **any** butter.*	keine (mehr)
*There were **no** CDs.*	keine	*There was **no** music.*	keine

a lot of/lots of, some, any, no verwendet man mit dem Plural von zählbaren Nomen und mit nicht zählbaren Nomen.

▸ some/any: 36.2

*How **many** CDs have you got?*
*– Not **many**. Just **a few**.*
Wie viele CDs hast du?
– Nicht viele. Nur ein paar.

many („viele") und ***(a) few*** („wenige", „ein paar") werden nur mit dem **Plural von zählbaren Nomen** verwendet.

*How **much** time have we got?*
*– Not **much**. Just **a little**.*
Wie viel Zeit haben wir?
– Nicht viel. Nur ein bisschen.

much („viel") und ***(a) little*** („wenig",„ein bisschen") werden nur mit **nicht zählbaren Nomen** verwendet.

positive	*There was **a lot of** traffic on the motorway.*
negative	*We **didn't** have **much** time.*
question	*Are there **many** accidents in your street?*

Beachte:

- In **bejahten Aussagesätzen** steht meist ***a lot of*** oder ***lots of***.
  In **verneinten Aussagesätzen** und in **Fragen** steht meist ***much*** bzw. ***many***.

*There were already **a few** (= **some**) people in the queue, but I didn't have to wait long.* … ein paar Leute

*There were **few** (= **not many**) people in the streets so late at night.* … (nur) wenige Leute

- ***a few*** entspricht dem deutschen „ein paar".
  few entspricht dem deutschen „wenige", „nicht viele".

*They gave her **a little** (= **some**) money and sent her to the shops.* … etwas Geld

*We had very **little** (= **not much**) money when we were young.* … sehr wenig Geld

- ***a little*** entspricht dem deutschen „etwas", „ein bisschen".
  little entspricht dem deutschen „wenig", „nicht viel".

36.2 *some/any* and their compounds

(*some/any* und ihre Zusammensetzungen)

*I'll go to the shops and get **some eggs**.* … einige/ein paar Eier

*I'm thirsty. – There's **some milk** in the fridge.* … etwas Milch

- ***some***: vor allem in **bejahten Aussagesätzen**

*We have**n't** got **any butter**.* … keine Butter (mehr)

*Are there **any apples**? – No, there are**n't any**.*

Gibt es (noch) Äpfel. – Nein, es sind keine mehr da.

- ***any***: vor allem in **verneinten Aussagesätzen** und in **Fragen**

Für die Zusammensetzungen mit ***some-*** und ***any-*** gelten dieselben Regeln:

- ***somebody/someone, something, somewhere***: vor allem in **bejahten Aussagesätzen**
- ***anybody/anyone, anything, anywhere***: vor allem in **verneinten Aussagesätzen** und in **Fragen**

*Would you like **something** to eat? **Some** cheese and biscuits?*
*– No, thank you. But could I have **something** to drink?*
***Some** juice or water, please?*

*You can buy this drink at **any** supermarket. And it's healthier than **any** other soft drink.*
… in jedem (beliebigen) Supermarkt … gesünder als irgendein anderer Softdrink / als alle anderen Softdrinks

*You can ask **anyone** in the room.*
… kannst jeden (Beliebigen) fragen / … fragen, wen du willst

*I'm so hungry I could eat **anything** right now.*
… alles (egal was)

Beachte:

- In Fragen, die eigentlich ein **Angebot** oder eine **Bitte** sind, verwendet man ***some, something*** usw.
- ***any*** wird auch in bejahten Aussagesätzen verwendet und bedeutet dann **„jeder (beliebige)"**, **„irgendein"**.

Auch die Zusammensetzungen mit *any* können so verwendet werden – siehe die Beispiele links.

36.3 *everybody/everyone – every … – each …*

Everybody listened carefully.
Every song / Each song was played twice.

Every child likes ice cream.
Jedes Kind … *(alle Kinder, Kinder im Allgemeinen)*
Each child got an ice cream.
Jedes (einzelne) Kind … *(aus einer bestimmten Gruppe)*

▸ *any („jeder beliebige"): 36.2*

Am häufigsten werden ***everybody/everyone*** und ***every …*** bzw. ***each …*** für das deutsche „jeder, jede, jedes" verwendet.

every und ***each*** sind oft austauschbar, der Bedeutungsunterschied ist gering: Bei ***each*** denkt man nicht so sehr an die Gruppe als Ganzes, sondern an jedes einzelne Mitglied.

37 Reflexive pronouns (Reflexivpronomen) 3: 5

Ü *S. 119: 73–74*

37.1 Forms (Formen)

Singular	*-self* [-'self]	
I*'ve hurt*	***myself****.*	Ich habe **mir** wehgetan / **mich** verletzt.
You*'ve hurt*	***yourself****.*	Du hast **dir** wehgetan / **dich** verletzt.
He*'s hurt*	***himself****.*	Er hat **sich** wehgetan / **sich** verletzt.
She*'s hurt*	***herself****.*	Sie hat **sich** wehgetan / **sich** verletzt.
It*'s hurt*	***itself****.*	Es hat **sich** wehgetan / **sich** verletzt.
Plural	*-selves* [-'selvz]	
We*'ve hurt*	***ourselves****.*	Wir haben **uns** wehgetan / **uns** verletzt.
You*'ve hurt*	***yourselves****.*	Ihr habt **euch** wehgetan / **euch** verletzt.
They*'ve hurt*	***themselves****.*	Sie haben **sich** wehgetan / **sich** verletzt.

Bei den Reflexivpronomen liegt die **Betonung auf der zweiten Silbe**:
myself [maɪ'self],
ourselves [aʊə'selvz] usw.

37.2 Use (Gebrauch)

***My mother** cut **herself** with the bread knife.*
Meine Mutter hat sich mit dem Brotmesser geschnitten.

*Is **he** talking to **himself** or is he speaking on his mobile?*
Redet er mit sich selbst …?

We*'re old enough to look after **ourselves**.*
Wir sind alt genug, um auf uns (selbst) aufzupassen.

Reflexivpronomen beziehen sich zurück auf das Subjekt des Satzes – sie sind **rückbezüglich** (= reflexiv). Sie bezeichnen dieselbe Person oder Sache wie das Subjekt.

***My brother** hurt him.* … ihn verletzt *(jn. anders)*
***My brother** hurt himself.* … sich verletzt *(sich selbst)*

Verwechsle nicht Personal- und Reflexivpronomen.

K

Daniel felt very sad after his grandma had died.
Daniel fühlte sich sehr traurig, …

Do you remember the party at Emily's last summer?
Erinnerst du dich an die Party …

! Es gibt eine Reihe von Verben, die im Deutschen mit **„sich"** gebraucht werden, im Englischen aber **ohne Reflexivpronomen**.

Auf der nächsten Seite findest du weitere Beispiele für solche Verben.

(to) ***argue***	sich streiten	(to) ***move***	sich bewegen
(to) ***calm down***	sich beruhigen	(to) ***open***	sich öffnen
(to) ***change***	sich (ver)ändern; sich umziehen	(to) ***relax***	sich entspannen; sich ausruhen
(to) ***feel***	sich fühlen; sich anfühlen	(to) ***remember*** *sth.*	sich an etwas erinnern; sich etwas merken
(to) ***get dessed***	sich anziehen		
(to) ***hide***	sich verstecken	(to) ***sit down***	sich (hin)setzen
(to) ***hurry (up)***	sich beeilen	(to) ***turn (around)***	sich umdrehen
(to) ***imagine*** *sth.*	sich etwas vorstellen	(to) ***watch*** *sth.*	sich etwas ansehen
(to) ***listen to*** *sth.*	sich etwas anhören	(to) ***wonder***	sich fragen
(to) ***look forward to***	sich freuen auf	(to) ***worry***	sich Sorgen machen
(to) ***meet***	sich treffen		

37.3 Reflexive pronoun or *each other*

(Reflexivpronomen oder *each other*)

They watched themselves on the video.
Sie sahen sich (selbst) auf dem Video an.

They looked at each other and smiled.
Sie sahen sich (gegenseitig) an … / Sie sahen einander an …

- wir … uns → ***ourselves***
  ihr … euch selbst → ***yourselves***
  sie … sich → ***themselves***

- wir … uns
  ihr … euch gegenseitig → ***each other***
  sie … sich

Statt *each other* wird auch *one another* verwendet:
They looked at ***one another*** *and smiled.*

37.4 *myself, yourself* etc. as emphasizing pronouns

(*myself, yourself* usw. als verstärkende Pronomen) 4: 2

We were able to talk to ***the director himself****.*
Wir konnten mit dem Regisseur selbst sprechen.

The room itself *was OK, but the view was horrible.*
Das Zimmer selbst war OK, …

Do you like the poster? ***I*** *designed it* ***myself****.*
Magst du das Poster? Ich habe es selbst entworfen.

It'll be a lot cheaper if ***we*** *paint the room* ***ourselves****.*
Es ist viel billiger, wenn wir das Zimmer selbst streichen.

Die *-self/-selves*-Pronomen werden auch verwendet, um ein Nomen oder Pronomen hervorzuheben oder um zu betonen, dass jemand etwas allein, ohne Hilfe getan hat. Im Deutschen verwenden wir „selbst" oder „selber".

They've painted the room themselves.

The adjective (Das Adjektiv)

Ü S. 120–121: 75–77 / S. 122: 80

38 Use (Gebrauch)

Declan *is* ***happy****. He got a* ***new camera*** *for his birthday.* ***It*** *looks* ***expensive****.*
Declan ist glücklich. Er hat zum Geburtstag eine neue Kamera bekommen. Sie sieht teuer aus.

▸ *Adverb oder Adjektiv nach bestimmten Verben: 44*

Adjektive werden verwendet, um **Eigenschaften** oder **Merkmale** von Personen, Sachen, Begriffen usw. zu beschreiben. Adjektive stehen vor einen Nomen oder nach bestimmten Verben *(be, become, get, look, seem, sound, taste, …).*

39 Comparison (Steigerung)

	Komparativ (Comparative)	Superlativ (Superlative)
clean	***cleaner***	***cleanest***
big	***bigger***	***biggest***
happy	***happier***	***happiest***
careful	***more careful***	***most careful***
famous	***more famous***	***most famous***
expensive	***more expensive***	***most expensive***
difficult	***more difficult***	***most difficult***
good	***better***	***best***
bad	***worse***	***worst***
much/many	***more***	***most***
(a) little	***less***	***least***

- Steigerung mit ***-er/-est***:
  - **einsilbige** Adjektive
  - **zweisilbige** Adjektive, die auf **-*y*** enden
- Steigerung mit ***more/most***:
  - die meisten **zweisilbigen** Adjektive, die nicht auf **-*y*** enden
  - Adjektive mit **mehr als zwei Silben**
- **unregelmäßige** Steigerung:
  - ***good, bad***
  - ***much/many, (a) little***

Additional information

clever	*clever**er**/**more** clever*	*clever**est**/**most** clever*
simple	*simpl**er**/**more** simple*	*simpl**est**/**most** simple*

*Where's the **nearest** bus stop.* — nächstgelegen *(räumlich)*
*I have to get off at the **next** stop.* — nächstfolgend

*I think Shakira's **latest** CD is better than her **last** one.* — neueste/jüngste CD; letzte CD („die davor")

– Manche zweisilbigen Adjektive können mit *-er/-est* oder *more/most* gesteigert werden. Beispiele: *clever, polite, simple, stupid*.
– *near* und *late* haben zwei Superlativ-Formen mit verschiedenen Bedeutungen.
(Im Zweifelsfall muss man die Steigerungsformen eines Adjektivs in einem guten Wörterbuch nachschlagen.)

40 The adjective in comparisons (Das Adjektiv in Vergleichen)

*Lilly is **as tall as** Jacob.*

*Jacob is **not as tall as** Olivia.*

*Olivia is **taller than** him.*
! *taller than me/him/…*
(not: … than ~~I/he/…~~)

*Olivia is **the tallest**.*

- ***as … as*** („so … wie")
- ***not as … as*** („nicht so … wie")
- **Komparativ** (1. Steigerungsform) + ***than***: ***taller than*** („größer als")
- ***the*** + **Superlativ** (2. Steigerungsform): ***the tallest*** („der/die größte, am größten")

The adverb (Das Adverb)

Ⓤ S. 121–122: 78–80

41 Forms (Formen)

Es gibt verschiedene Arten von Adverbien:

always, often, sometimes, now, then, today, soon, still, here, there, up, down, outside, perhaps, very, quite, too, …	■ **„ursprüngliche"** Adverbien (= Adverbien, die nicht von Adjektiven abgeleitet sind)
badly, easily, happily, politely, quietly, terribly, usually, generally, finally, luckily, …	■ Adverbien, die **von Adjektiven abgeleitet** sind (durch Anhängen von ***-ly***)
fast, hard, high, late, long, early, daily, …	■ Adverbien, die **dieselbe Form wie Adjektive** haben

K *Grandpa always drives carefully.* … fährt immer **vorsichtig**.

Grandpa is always very careful. … ist immer sehr **vorsichtig**.

! Im Deutschen haben Adverbien der Art und Weise und Adjektive dieselbe Form. Im Englischen in der Regel nicht.

! *Jessica is a **good** guitar player. She plays the guitar **well**.*

Das Adverb zum Adjektiv ***good*** heißt ***well***.

42 Use (Gebrauch)

Adverbien können sich

1 *Grandpa **drives carefully**, especially at night.*
Opa fährt vorsichtig, …

(1) auf ein **Verb** beziehen. Sie geben dann an, wie etwas geschieht oder wie etwas getan wird, und werden **Adverb der Art und Weise** *(adverb of manner)* genannt.

2 *He thinks driving at night is **terribly dangerous**.*
… schrecklich gefährlich

(2) auf ein **Adjektiv** beziehen.

3 *My sister Emma always drives **really fast**.*
… wirklich schnell

(3) auf ein **anderes Adverb** beziehen.

4 *Emma nearly had an accident last week. **Luckily, she was able to stop the car in time.***
… Glücklicherweise konnte sie das Auto rechtzeitig zum Stehen bringen.

(4) auf den **ganzen Satz** beziehen. Solche Adverbien werden **Satzadverbien** *(sentence adverbs)* genannt.

▸ *Stellung der verschiedenen Arten von Adverbien: 6*

Additional information

43 Comparison (Steigerung) 4: 4

fast	***faster***	***fastest***
early	***earlier***	***earliest***
carefully	***more carefully***	***most carefully***
quickly	***more quickly***	***most quickly***
often	***more often***	***most often***
well	***better***	***best***
badly	***worse***	***worst***
much	***more***	***most***
little	***less***	***least***

- Steigerung mit ***-er/-est***: **einsilbige** Adverbien und ***early***
- Steigerung mit ***more/most***:
  - Adverbien **auf *-ly*** (außer *early*)
  - andere **mehrsilbige** Adverbien
- **unregelmäßige** Steigerung:
  - ***well, badly***
  - ***much, little***

44 Adverb or adjective after certain verbs?

(Adverb oder Adjektiv nach bestimmten Verben?)

Ü S. 122: 80

Tätigkeit: verb + adverb	**Zustand, Eigenschaft:** verb + adjective
*She **shouted** angrily at me.* Sie schrie mich wütend an.	*She **felt** angry.* Sie fühlte sich wütend.
*The choir **sang** beautifully.* Der Chor sang wunderschön.	*The song **sounded** beautiful.* Das Lied klang wunderschön.
*He **looked round** nervously.* Er sah sich nervös um.	*He **looked** nervous.* Er sah nervös aus.
*We were all **talking** excitedly.* Wir redeten alle aufgeregt durcheinander.	*They **seemed** excited.* Sie schienen aufgeregt zu sein.

- Adverbien der Art und Weise beziehen sich auf Verben und drücken aus, wie eine **Tätigkeit** ausgeführt wird („wie jemand etwas tut").
- Einige Verben beschreiben aber nicht Tätigkeiten, sondern **Zustände** oder **Eigenschaften** („wie jemand oder etwas ist"). Nach solchen Verben stehen Adjektive. (Man erkennt solche Verben daran, dass sie durch *be* ersetzt werden können: *She was angry*.)

(to) ***be***	sein	*(to)* ***feel***	sich (an)fühlen
(to) ***become***	werden	*(to)* ***look***	aussehen
(to) ***get***	werden	*(to)* ***smell***	riechen; stinken
(to) ***seem***	(zu sein) scheinen	*(to)* ***sound***	klingen
(to) ***stay***	bleiben	*(to)* ***taste***	schmecken

Dies sind die wichtigsten Verben, nach denen Adjektive stehen.

1 *The doctor **felt** my arm gently.*	*befühlen, abtasten*
*We **felt** our way slowly along the wall.*	*sich (entlang)tasten*
*They **looked** nervously into the box.*	*schauen, sehen*
*The dog **smelled** the meat carefully.*	*an etwas riechen*
*I **tasted** the porridge slowly.*	*probieren, kosten*
2 *My arm **felt** heavy and a bit sore.*	*sich anfühlen*
*They **looked** scared.*	*aussehen*
*The flowers **smelled** wonderful.*	*riechen; stinken*
*The soup **tasted** delicious.*	*schmecken*

! Bei den Verben *feel, look, smell* und *taste* kann – je nach Bedeutung – ein **Adverb** oder ein **Adjektiv** stehen:

(1) Ein Adverb steht, wenn eine **Tätigkeit** beschrieben wird.

(2) Ein Adjektiv steht, wenn ein **Zustand** oder eine **Eigenschaft** beschrieben wird.

They thought they sang beautifully, but it sounded just awful.

Prepositions (Präpositionen)

Ü S. 123: 81–83

45 Use (Gebrauch)

Präpositionen des Ortes und der Richtung

Präpositionen (Verhältniswörter) können aus einem Wort bestehen *(in, at, up)* oder aus mehreren Wörtern *(in front of, out of)*. Sie drücken Beziehungen zwischen Dingen, Personen oder Ereignissen aus. Diese Beziehungen können **räumlicher** (Ort, Richtung), **zeitlicher** (Zeitpunkt, Zeitraum, Reihenfolge) oder **anderer Art** sein.

Präpositionen lassen sich einteilen in

- Präpositionen des **Ortes** und der **Richtung**
  at, behind, between, in, in front of, next to, under, …
  away from, into, on, out of, past, through, under, up, …
- Präpositionen der **Zeit**
  after, at, before, between, for, in, on, past, since, till, …
- **sonstige** Präpositionen.
  about, for, from, in, of, on, like, with, without, …

Ort:	***in Spain; in the photo***	in Spanien; auf dem Foto
Zeit:	***in April; in the evening***	im April; am Abend
sonstig:	***in English***	auf Englisch

Präpositionen können verschiedene Verhältnisse kennzeichnen und dabei verschiedene deutsche Entsprechungen haben.

*Have you **talked to** Sarah about the party yet?*
*Are you **interested in** history?*
*What's the **difference between** these MP3 players?*

Präpositionen können mit anderen Wörtern (Verben, Adjektiven, Nomen) fest verbunden sein.

! Beachte die **Stellung der Präposition** in

(1) **Fragesätzen** mit *who, what* usw.

1 *Who were you **talking to**?* — Mit wem …?
*What were you **talking about**?* — Worüber/Über was …?

(2) **indirekten Fragen**

2 *They wanted to know what we were **talking about**.*
…, worüber/über was wir geredet haben.

(3) **Relativsätzen**

3 *I know the woman that you were **talking to**.*
… die Frau, mit der du geredet hast.

(4) **Infinitivkonstruktionen**

4 *Grandpa needs someone to **talk to**.*
… jemanden, mit dem er reden kann.

(5) **Passivsätzen**.

5 *Their decision was **talked about** for weeks.*
Über ihre Entscheidung wurde wochenlang geredet.

Conditional sentences (Bedingungssätze)

46 Overview (Übersicht) 3: 2 / 4: 2

Nebensatz mit *if* (*if-clause*)	Hauptsatz (*Main clause*)
If it stays dry, Wenn es trocken bleibt,	***we'll play football in the park.*** spielen wir Fußball im Park / werden wir Fußball … spielen.
Bedingung: *„Wenn …,“*	**Folge: *„dann …“***

We'll play football in the park if it stays dry.

Bedingungssätze („Wenn …, dann …“-Sätze) bestehen aus einem **Nebensatz mit *if*** („wenn“, „falls“) und einem **Hauptsatz**.
Im Nebensatz steht eine Bedingung.
Der Hauptsatz beschreibt, was geschieht, wenn diese Bedingung erfüllt ist.

Der Hauptsatz kann auch vor dem *if*-Satz stehen. Es steht dann kein Komma!

Es gibt **drei Grundtypen**:

Type 1 – about the present or the future

After the first half of the race …

If *Allen overtakes Mark, he will win the race.*
Wenn Allen Mark überholt, gewinnt er das Rennen / wird er … gewinnen.

- **Typ 1**
  „Was ist, wenn …“
  (erfüllbare Bedingung)
  Die Mädchen halten es für gut möglich, dass Allen es schafft, Mark zu überholen. Die Hälfte des Rennens liegt ja noch vor den beiden.
  ▸ *Typ 1: 47*

Type 2 – about the present or the future

The race is almost over …

If *Allen overtook Mark now, he would win.*
Wenn Allen Mark jetzt überholen würde, würde er gewinnen.

- **Typ 2**
  „Was wäre, wenn …“
  (kaum oder wahrscheinlich nicht erfüllbare Bedingung)
  Die Mädchen halten es für unwahrscheinlich, dass Allen Mark noch überholt. Das Rennen ist ja so gut wie vorbei.
  ▸ *Typ 2: 48*

Type 3 – about the past

The race is over – Mark has won …

If *he had overtaken Mark, Allen would have won.*
Wenn er Mark überholt hätte, hätte Allen gewonnen.

- **Typ 3**
  „Was wäre gewesen, wenn …“ (nicht mehr erfüllbare Bedingung)
  Das Rennen ist vorbei, Mark hat gewonnen. Die Mädchen reden nur darüber, was gewesen wäre, wenn …
  ▸ *Typ 3: 49*

47 Conditional sentences, type 1

(Bedingungssätze, Typ 1) 3: 2 / 4: 2

(Ü) S. 124: 84–85

if-clause	Main clause
If Jamie leaves now,	*he'll be home in time for the news.*
If the rain doesn't stop,	*we can't have a picnic.*
If Grandma phones,	*tell her I might be late.*
simple present	▪ ***will*-future** ▪ **modal auxiliary *(can/might/...)* + infinitive** ▪ **imperative**

Bedingungssatz **1** („Was ist, wenn ...?"):
Im ***if***-Satz ***simple present***.

▸ Andere Verbformen im if-Satz: 50

Bedingungssätze vom Typ 1 beziehen sich auf die **Gegenwart** oder die **Zukunft**.

Der Sprecher nimmt an, dass die im *if*-Satz genannte Bedingung erfüllt werden kann: Es ist möglich oder sogar wahrscheinlich, dass Jamie jetzt aufbricht, dass es weiterregnet, dass Oma anruft.
Der Hauptsatz beschreibt, was geschehen wird/kann/soll ..., wenn die Bedingung erfüllt wird.

Der ***if*-Satz** steht meist im ***simple present***.
Im **Hauptsatz** stehen in der Regel das ***will*-future**, ein **Modalverb + Infinitiv** oder ein **Imperativ**.

If you add blue to yellow, you get green.
Wenn (Immer wenn) man Blau zu Gelb hinzugibt, erhält man Grün.

In **allgemein gültigen Aussagen** („wenn etwas immer so ist") steht auch im Hauptsatz das *simple present*.

48 Conditional sentences, type 2

(Bedingungssätze, Typ 2) 3: 2 / 4: 2

(Ü) S. 124–125: 86–87

if-clause	Main clause
If I had more money,	*I'd travel (= I would travel) round the world.*
If Amy was older,	*she could stay out later.*
If you kept quiet,	*you might hear what I'm saying.*
simple past	***would/could/might* + infinitive**

Bedingungssatz **2** („Was wäre, wenn ...?"):
Im ***if***-Satz ***simple past*** (**!** nicht ~~would~~).

▸ Andere Verbformen im if-Satz: 50

Mit **Bedingungssätzen vom Typ 2** spekuliert der Sprecher darüber, was unter bestimmten Bedingungen **jetzt oder in Zukunft** geschehen würde oder geschehen könnte.

Die im *if*-Satz genannte Bedingung kann nicht erfüllt werden (Amy ist nun mal nicht älter), oder der Sprecher hält es für unwahrscheinlich, dass die Bedingung erfüllt wird.

Der ***if*-Satz** steht in der Regel im ***simple past***.
Im **Hauptsatz** stehen ***would/could/might* + Infinitiv**.

K ***If*** *I found $100 in the street, ...* (not: *If ~~I would find~~ ...*)
... fände / finden würde ...

! Im ***if*-Satz** darf **kein *would*** stehen.
Im deutschen „wenn"-Satz verwenden wir oft „würde", aber im englischen *if*-Satz steht das *simple past*.

If I were you, *I wouldn't wait for them.*
Wenn ich du wäre, würde ich ... / An deiner Stelle würde ich ...

Ratschläge werden im Englischen oft mit ***If I were you ...*** eingeleitet.

49 Conditional sentences, type 3
(Bedingungssätze, Typ 3) 4: 2

Ü S. 125–126: 88–90

if-clause	Main clause
If she had phoned,	*I'd have met her at the station.*
Wenn sie angerufen hätte, hätte ich sie am Bahnhof abgeholt.	
If it had been warmer,	*we could have gone climbing.*
Wenn es wärmer gewesen wäre, hätten wir klettern gehen können.	
If she had asked him,	*he might have lent her the money.*
Wenn sie ihn gefragt hätte, hätte er ihr vielleicht das Geld geliehen.	
past perfect	***would have / could have / might have* + past participle**

Bedingungssätze vom Typ 3 beziehen sich auf die **Vergangenheit**: Sie kommentieren eine Situation, die schon vorbei ist.
Der Sprecher stellt sich vor, was unter bestimmten Bedingungen hätte geschehen können (aber eben nicht passiert ist).

Wir wissen, dass die im *if*-Satz genannte Bedingung nicht eingetreten ist:
Sie hat nicht angerufen (und ich habe sie deshalb nicht abgeholt), es war nicht wärmer (und wir sind nicht klettern gegangen), sie hat ihn nicht gefragt (und er hat ihr daher kein Geld geliehen).

Bedingungssatz **3** („Was wäre gewesen, wenn …?"):
Im ***if***-Satz ***past perfect***.

Der ***if*-Satz** steht im ***past perfect***.
Im **Hauptsatz** stehen ***would have/could have/might have*** **+ Partizip Perfekt**.

!

*If she'**d** **phoned**,*	= ***had phoned***
*I'**d** **have met** her at the station.*	= ***would have met***

! Achtung: ***had*** im ***if*-Satz** und ***would*** im **Hauptsatz** werden beide oft zu ***'d*** verkürzt.

If Ava hadn't borrowed my bike, I'd be able to go on a bike tour with Luke at the weekend.
Wenn Ava nicht mein Fahrrad ausgeliehen hätte, könnte ich am Wochenende eine Radtour mit Luke machen.

If Emma had trained harder, she might be in the school team now.
Wenn Emma härter trainiert hätte, wäre sie jetzt vielleicht in der Schulmannschaft.

Im Hauptsatz kann auch *would/could/might* + Infinitiv stehen. Dann beschreibt der Hauptsatz, was **jetzt oder zukünftig der Fall wäre**, wenn die Bedingung in der Vergangenheit erfüllt worden wäre.

50 Other verb forms in the *if*-clause
(Andere Verbformen im *if*-Satz)

Je nach Situation können auch andere Verbformen im *if*-Satz vorkommen.

*They'll help you **if** they can.*
…, wenn sie können.

***If** I could help you, I would.*
Wenn ich dir helfen könnte, …

*Sorry. **If** you're having lunch now, I'll call back later.*
Wenn Sie gerade zu Mittag essen, …

***If** Emma has missed the bus, we'll have to start without her.*
Wenn Emma den Bus verpasst hat, …

***If** you've been to London before, you'll know the London Eye.*
Wenn du schon mal in London warst/gewesen bist, …

***If** they were working now, the lights would be on.*
Wenn sie jetzt arbeiteten/arbeiten würden, …

Relative clauses (Relativsätze)

Ü S. 127–129: 91–95

51 Use (Gebrauch) 3: 3 / 4: 5

*I'm looking for a **shop** that sells locally grown vegetables.*
Ich suche ein Geschäft, das Gemüse hier aus der Gegend verkauft.

Who's that over there?
*– That's the **boy** who I met in Bristol last month.*
… der Junge, den ich letzten Monat in Bristol kennengelernt habe.

Relativsätze beziehen sich auf ein **Nomen**. Sie **bestimmen dieses Nomen** genauer: Erst durch den Relativsatz wissen wir, wer oder was genau gemeint ist. (Daher werden solche Relativsätze bestimmende oder auch notwendige Relativsätze – englisch *defining relative clauses* – genannt.)

▸ Nicht bestimmende Relativsätze: 55

K

	S	V	O	
The woman	*who*	*helped*	*us*	…

Die Frau, die uns geholfen hat, …

! In diesen Relativsätzen steht kein Komma, und wie in allen englischen Nebensätzen gilt auch in Relativsätzen die Wortstellung **S – V – O**.

▸ Wortstellung in Nebensätzen: 4

52 The relative pronouns (Die Relativpronomen) 3: 3 / 4: 5

52.1 *who, which, that*

*Do you know the **boys** who/that stole your bike?*
Kennst du die Jungen, die dein Rad gestohlen haben?

*Do you know a **café** which/that is open at night?*
Kennen Sie ein Café, das nachts geöffnet hat?

- Für **Personen** wird ***who***, manchmal auch ***that*** verwendet:
  *the man/woman/people **who/that** …*
- Für **Dinge (und Tiere)** wird ***which*** oder ***that*** verwendet:
  *the bus/bag/cat/animals **which/that** …*

52.2 *whose …*

*Are those the **girls** whose parents are from France?*
… die Mädchen, deren Eltern …

*This is the **car** whose driver was hurt in the accident.*
… das Auto, dessen Fahrer …

- Das Relativpronomen ***whose*** („dessen", „deren") bezieht sich meist auf Personen, wird aber manchmal auch für Dinge und Tiere benutzt.

53 Relative clauses with *which* to refer to a whole clause
(Satzbezogene Relativsätze mit *which*) 4: 5

*Her son hasn't phoned, **which is very worrying**.*
Ihr Sohn hat nicht angerufen, **was** sehr beunruhigend ist.

*Our neighbours helped us to tidy up after the party, **which I think was very good of them**.*
…, **was** ich sehr nett von ihnen fand.

*In 1980, John Lennon was murdered, **which shocked Beatles fans all over the world**.*
…, **was** Beatles-Fans auf der ganzen Welt schockierte.

Relativsätze mit ***which*** können sich auch **auf einen ganzen Satz beziehen**: Sie kommentieren dann die Aussage des Hauptsatzes.

! Satzbezogene Relativsätze werden durch Komma abgetrennt.

Im Deutschen werden solche Relativsätze mit „was" eingeleitet.

54 Contact clauses (Relativsätze ohne Relativpronomen) 4: 5

Ü S. 128–129: 93–95

	Subject	Verb
1 *I like boys*	***who***	*make me laugh.*
Ich mag Jungen,	die	mich zum Lachen bringen.
I don't like films	***that***	*last too long.*
Ich mag Filme nicht,	die	zu lang sind.

Das Relativpronomen kann **Subjekt** oder **Objekt** sein:

(1) In diesen Sätzen sind die Relativpronomen **Subjekt** des Relativsatzes. Sie stehen direkt vor dem Verb.

	Object	Subject	Verb
2 *Paul is a boy*	***who***	***I***	*like a lot.*
Paul ist ein Junge,	**den**	**ich**	sehr gern mag.
Where's the DVD	***which***	***Josie***	*lent you?*
Wo ist die DVD,	**die**	**Josie**	dir geliehen hat.

(2) Hier sind die Relativpronomen **Objekt** des Relativsatzes.

*Paul is a boy **I** like a lot.* …, **den ich** sehr gern mag.

*Where's the DVD **Josie** lent you?* …, **die Josie** dir geliehen hat?

*Chester is the most beautiful town **I** know.* …, **die ich** kenne.

Wenn das Relativpronomen **Objekt** des Relativsatzes ist, wird es meist **weggelassen**. Das ist im Deutschen nicht möglich. Relativsätze ohne Relativpronomen nennt man ***contact clauses***.

*Is that the train **which goes** to Bristol?*

(not: Is that ~~the train goes to Bristol~~?)

! **Vorsicht!** Wenn das **Relativpronomen direkt vor dem Verb** steht, ist es Subjekt – dann darf es **nicht wegfallen**!

K

Who's the woman (that) Paul is talking to?
Wer ist die Frau, mit der Paul redet?

*The concert (that) I told **you** about is sold out.*
Das Konzert, von dem ich **dir** erzählt habe, ist ausverkauft.

! Beachte die Stellung der Präposition in Relativsätzen.

55 Non-defining relative clauses
(Nicht bestimmende Relativsätze) 4: 5

*Charlie Chaplin**, who was born in England,** made most of his films in Hollywood.*
Charlie Chaplin, der in England geboren wurde, hat die meisten seiner Filme in Hollywood gedreht.

*The film studios**, which we hadn't expected to be so big,** were one of the highlights of our tour.*
Die Filmstudios, von denen wir nicht erwartet hatten, dass sie so groß sein würden, waren einer der Höhepunkte unserer Tour.

*Astrid Lindgren**, whose 'Pippi Longstocking' has become world-famous,** was born in 1907.*
Astrid Lindgren, deren „Pippi Langstrumpf" Weltberühmtheit erlangte, wurde 1907 geboren.

Nicht bestimmende Relativsätze kommen hauptsächlich in geschriebenem Englisch vor. Sie geben **Zusatzinformationen**, die man nicht unbedingt braucht, um zu verstehen, von wem oder was die Rede ist:
Man versteht den Satz *Charlie Chaplin made most of his films in Hollywood* auch ohne den Relativsatz *who was born in England*.

!
- In nicht bestimmenden Relativsätzen darf man das Relativpronomen nie weglassen.
- Es können nur die Relativpronomen ***who, which*** und ***whose*** verwendet werden – nicht aber *that*.
- Nicht bestimmende Relativsätze werden durch Kommas abgetrennt.

Indirect speech (Indirekte Rede)

Ü S. 129–133: 96–104

56 Direct and indirect speech
(Direkte und indirekte Rede) 3: 5 / 4: 4

Man kann direkt oder indirekt wiedergeben, was jemand sagt (oder gesagt hat).

Direct speech	*Asif says, 'I can't lend you my bike, Finn.'* Asif sagt: „Ich kann dir mein Rad nicht leihen, Finn."
Indirect speech	*Asif says (that) he can't lend Finn his bike.* Asif sagt, dass er Finn sein Rad nicht leihen kann.

- In der **direkten Rede** gibt man **wörtlich** wieder, was jemand sagt, schreibt oder denkt. Direkte Rede steht in der Regel in Anführungszeichen.
- In der **indirekten Rede** *(indirect speech* oder *reported speech)* berichtet man, was jemand sagt, schreibt oder denkt. Die indirekte Rede wird mit Verben wie *say, tell sb., add, answer, explain, think, write, ask, want to know* eingeleitet.

! Im Englischen steht vor der indirekten Rede **kein Komma**. Die Konjunktion *that* („dass") wird oft weggelassen, besonders nach *say, tell, think*.

Direct speech	*Asif: 'I can't lend you my bike, Finn.'*
Indirect speech	
1 *(Finn reports)*	*Asif says he can't lend me his bike.*
2 *(Finn's dad reports)*	*Asif says he can't lend Finn his bike.*

Wie im Deutschen werden in der indirekten Rede die Pronomen und Possessivbegleiter angepasst – je nachdem, wer wem berichtet.

▸ *Veränderungen von Orts- und Zeitangaben: 61*

57 Indirect speech: reporting verb in the *simple present*
(Indirekte Rede: einleitendes Verb im *simple present*) 3: 5 / 4: 4

Direct speech	*Ella: 'We usually get up at 7.15.'*
Indirect speech	*Ella **says** they usually get up at 7.15.*
Direct speech	*Aidan: 'I'm really enjoying our trip.'*
Indirect speech	*We got a postcard from Aidan today. He **writes** that he's enjoying his trip.*

Wenn das **einleitende Verb** im ***simple present*** steht *(she says)*, bleibt die Zeitform der direkten Rede unverändert.

58 Indirect speech: reporting verb in the *simple past*
(Indirekte Rede: einleitendes Verb im *simple past*) 3: 5 / 4: 4

Ü S. 129–130: 96–98

Direct speech	*Jody: 'My name is Jody.'*
Indirect speech	*She **said** her name was Jody.* *Sie sagte, ihr Name sei/ist Jody.*
Direct speech	*Noah: 'I haven't seen Batman yet.'*
Indirect speech	*Noah **told** me last week that he hadn't seen Batman yet.*

Wenn das **einleitende Verb** im ***simple past*** steht *(she said, he told me)*, werden in der indirekten Rede meist andere Zeitformen verwendet als in der direkten Rede: Die Zeitformen der direkten Rede werden **um eine Zeitstufe in die Vergangenheit „zurückverschoben"** *(backshift of tenses)*.

▸ *Backshift of tenses (Übersicht): siehe S. 78*

Veränderungen der Zeitform bei einleitendem Verb im *simple past (backshift of tenses)*

			Direct speech	Indirect speech
present	▸	**past**	*'Philip is German.'* *'We play cards on Fridays.'* *'I'm waiting for my dad.'*	*She said that Philip was German.* *They told us they played cards on Fridays.* *She said she was waiting for her dad.*
past	▸	**past perfect**	*'It was a great trip.'* *'I met my wife at a dance.'* *'We were watching TV.'*	*They agreed it had been a great trip.* *He told me he had met his wife at a dance.* *She added that they had been watching TV.*
present perfect	▸	**past perfect**	*'I haven't been to Paris yet.'* *'Olivia has found a job.'* *'They've been working.'*	*I explained that I hadn't been to Paris yet.* *He said that Olivia had found a job.* *She answered that they had been working.*
***will*-future**	▸	***would* + infinitive**	*'I'll phone him.'*	*She promised she'd phone him.*
***going to*-future**	▸	***was/were going to* + infinitive**	*'I'm going to work harder.'*	*I said I was going to work harder.*

Indirekte Rede mit einleitendem Verb im *simple past*

Die Zeitform der direkten Rede wird um eine Stufe in die Vergangenheit zurückverschoben:

Present forms ▸ **Past** forms
Past forms ▸ **Past perfect** forms

Direct speech *Sophie: 'The bus had already left.'*
Indirect speech *Sophie said the bus had already left.*

Direct speech *Oliver: 'I met my wife at a dance.'*
Indirect speech *Oliver said he met his wife at a dance.*

Beachte:

- Verben im *past perfect* bleiben unverändert, da man sie nicht noch weiter „zurückverschieben" kann.
- Verben im *simple past* werden oft nicht ins *past perfect* verändert.

Direct speech *Grace: 'Cardiff is in Wales.'*
Indirect speech *She said Cardiff is / was in Wales.*

Direct speech *Luke: 'Andrew has a cold.'*
Indirect speech *He said Andrew has / had a cold.*

Die Zeitform der direkten Rede kann auch dann unverändert bleiben,

- wenn die Aussage allgemein gültig ist
- wenn die Aussage zum Zeitpunkt des Berichtens immer noch zutrifft (*hier:* Andrew ist immer noch erkältet).

59 Questions in indirect speech

(Fragen in der indirekten Rede) 4: 4

Ⓤ *S. 131 – 132: 99 – 102*

Direct speech	*Lilly: '**How** do you like Florida?'*
Indirect speech	*Lilly **asked** me **how** I liked Florida. / Lilly **wanted to know how** I liked Florida.*
Direct speech	*Lilly: '**When** did you arrive?'*
Indirect speech	*She also **wanted to know when** I had arrived.*
Direct speech	*Lilly: 'Do you like surfing?'*
Indirect speech	*She **asked** me **if** I liked surfing. / She **asked** me **whether** I liked surfing.*

Indirekte Fragen werden z.B. mit *ask, want to know* und *wonder* eingeleitet. Wenn diese einleitenden Verben im *simple past* stehen, gelten die Regeln für die Veränderung der Zeitformen *(backshift of tenses)*.

▸ *Backshift of tenses (Übersicht): siehe S. 78*

Handelt es sich bei der direkten Frage um eine **Entscheidungsfrage** *(yes/no question)*, dann wird die indirekte Frage mit ***if*** oder ***whether*** („ob") eingeleitet.

*Excuse me, **can you tell me when the museum opens?** / Excuse me, **I'd like to know when the museum opens**.*

Do you know if the match has started yet?

Indirekte Fragen werden oft verwendet, um höflich um Auskunft zu bitten, z.B.

Can you tell me …? + indirekte Frage
Do you know …? + indirekte Frage
I'd like to know … + indirekte Frage.

Morph was wondering why his friend was late.

60 Commands – requests – advice – suggestions

(Aufforderungen – Bitten – Ratschläge – Vorschläge) 4: 4

Ü S. 133: 103–104

1 *He **told** Ryan **to take** the cameras into the garden.*
Er sagte Ryan, er solle die Kameras in den Garten bringen. / Er forderte Ryan auf, die Kameras in den Garten zu bringen.

2 *He **told** Eve **not to let** the reporters in.*
Er sagte Eve, dass sie die Reporter nicht hereinlassen soll.

3 *He **asked** Jack **to open** a window.*
Er bat Jack, ein Fenster zu öffnen.

4 *He **asked** Sophia **not to forget** the spotlights.*
Er bat Sophia, nicht die Scheinwerfer zu vergessen.

5 *He **advised** Susan **to take off** her sunglasses.*
Er riet Susan, ihre Sonnenbrille abzusetzen.

6 *He **advised** Richard **not to wear** a red shirt.*
Er riet Richard, kein rotes Hemd zu tragen.

Aufforderungen, Bitten und **Ratschläge** werden in der indirekten Rede meist durch eine **Infinitivkonstruktion** wiedergegeben:

- Für die Wiedergabe von **Aufforderungen** verwendet man meist ***tell** **sb. to do sth.*** (bzw. ***tell sb. not to do sth.***). (1, 2)
- Für die Wiedergabe von **Bitten** verwendet man meist ***ask sb. to do sth.*** (bzw. ***ask sb. not to do sth.***). (3, 4)
- Für die Wiedergabe von **Ratschlägen** verwendet man meist ***advise sb. to do sth.*** (bzw. ***advise sb. not to do sth.***). (5, 6)

*Dad **suggested taking** the train.*
Dad schlug vor, den Zug zu nehmen / mit dem Zug zu fahren.

*Miss Bell **suggested that we (should) talk** to our parents first.*
Miss Bell schlug vor, zuerst mit unseren Eltern zu reden.

Vorschläge werden in der indirekten Rede meist mit ***suggest*** eingeleitet.

! **Beachte:** Kein *to*-Infinitiv nach *suggest*!
Also nie: *She suggested ~~to ask~~ John.*
Sondern: *She **suggested asking** John.*
oder: *She **suggested that I ask** John.*
oder: *She **suggested I should ask** John.*

61 Changes in adverbials of place and time

(Veränderungen von Orts- und Zeitangaben)

Alex (on the phone from Spain)	*'I like it a lot **here**.'*
His father (to a friend)	*Alex phoned from Spain. He **said** he liked it a lot **there**.*
(On a postcard from Lucy)	*I'm flying to Paris **tomorrow**.*
Her mother (to a friend, a week later)	*... and she **wrote** that she was flying to Paris **the next day**.*

Wie im Deutschen werden in der indirekten Rede die **Orts- und Zeitangaben** aus der Sicht des Berichtenden gewählt.
Sie können sich also, je nach Situation, gegenüber der direkten Rede verändern.

Short forms (Kurzformen)

62 Overview (Übersicht)

Beim Sprechen und in persönlichen Briefen werden meist **Kurzformen** verwendet.

be

I'm	I am	**here's**	here is
you're	you are	**there's**	there is
he's	he is	**what's**	what is
she's	she is	**when's**	when is
it's	it is	**where's**	where is
we're	we are	**who's**	who is
you're	you are	**how's**	how is
they're	they are	**that's**	that is

have

I've	I have	**I'd**	I had
you've	you have	**you'd**	you had
he's	he has	**he'd**	he had
she's	she has	**she'd**	she had
it's	it has	**it'd**	it had
we've	we have	**we'd**	we had
you've	you have	**you'd**	you had
they've	they have	**they'd**	they had

will / would

I'll	I will	**I'd**	I would
you'll	you will	**you'd**	you would
he'll	he will	**he'd**	he would
she'll	she will	**she'd**	she would
it'll	it will	**it'd**	it would
we'll	we will	**we'd**	we would
you'll	you will	**you'd**	you would
they'll	they will	**they'd**	they would

Hilfsverb + not

isn't	is not	**hasn't**	has not	**don't**	do not	**can't**	cannot
aren't	are not	**haven't**	have not	**doesn't**	does not	**couldn't**	could not
						mightn't	might not
wasn't	was not	**hadn't**	had not	**didn't**	did not	**mustn't**	must not
weren't	were not					**needn't**	need not
						shouldn't	should not
						won't	will not
						wouldn't	would not

Irregular verbs
(Unregelmäßige Verben)

63 Overview (Übersicht)

infinitive	simple past	past participle	
(to) **be**	**was; were**	**been**	sein
(to) **beat**	**beat**	**beaten**	schlagen; besiegen
(to) **become**	**became**	**become**	werden
(to) **begin**	**began**	**begun**	beginnen, anfangen
(to) **bend**	**bent**	**bent**	sich bücken, sich beugen
(to) **bite** [aɪ]	**bit** [ɪ]	**bitten** [ɪ]	beißen
(to) **blow** sth. **out**	**blew**	**blown**	etwas auspusten, ausblasen
(to) **break** [eɪ]	**broke**	**broken**	brechen; zerbrechen
(to) **bring**	**brought**	**brought**	(mit-, her)bringen
(to) **build**	**built**	**built**	bauen
(to) **burst** in tears	**burst**	**burst**	in Tränen ausbrechen
(to) **buy**	**bought**	**bought**	kaufen
(to) **catch**	**caught**	**caught**	fangen
(to) **choose** [uː]	**chose** [əʊ]	**chosen** [əʊ]	aussuchen, (aus)wählen; sich aussuchen
(to) **come**	**came**	**come**	kommen
(to) **cost**	**cost**	**cost**	kosten
(to) **cut**	**cut**	**cut**	schneiden
(to) **do**	**did**	**done** [ʌ]	tun, machen
(to) **draw**	**drew**	**drawn**	zeichnen
(to) **drive** [aɪ]	**drove** [əʊ]	**driven** [ɪ]	*(mit dem Auto)* fahren
(to) **drink**	**drank**	**drunk**	trinken
(to) **eat**	**ate** [et, eɪt]	**eaten**	essen
(to) **fall**	**fell**	**fallen**	fallen, stürzen; hinfallen
(to) **feed**	**fed**	**fed**	füttern
(to) **feel**	**felt**	**felt**	fühlen; sich fühlen
(to) **fight**	**fought**	**fought**	(be)kämpfen
(to) **find**	**found**	**found**	finden
(to) **fly**	**flew**	**flown**	fliegen
(to) **forget**	**forgot**	**forgotten**	vergessen
(to) **freeze**	**froze**	**frozen**	(ge)frieren; zufrieren; einfrieren
(to) **get**	**got**	**got**	bekommen; holen, besorgen; werden; gelangen, (hin)kommen
(to) **give**	**gave**	**given**	geben
(to) **go**	**went**	**gone** [ɒ]	gehen
(to) **grow**	**grew**	**grown**	wachsen; anbauen, anpflanzen
(to) **hang**	**hung**	**hung**	hängen
(to) **have**	**had**	**had**	haben

infinitive	simple past	past participle	
(to) **hear** [ɪə]	**heard** [ɜː]	**heard** [ɜː]	hören
(to) **hide** [aɪ]	**hid** [ɪ]	**hidden** [ɪ]	verstecken; sich verstecken
(to) **hit**	**hit**	**hit**	schlagen
(to) **hold**	**held**	**held**	halten
(to) **hurt**	**hurt**	**hurt**	schmerzen, wehtun; verletzen
(to) **keep**	**kept**	**kept**	behalten; aufheben, aufsparen; aufbewahren
(to) **kneel** [niːl]	**knelt** [nelt]	**knelt** [nelt]	knien
(to) **know** [nəʊ]	**knew** [njuː]	**known** [nəʊn]	wissen; kennen
(to) **lead** [iː]	**led**	**led**	führen, leiten
(to) **leave** [iː]	**left**	**left**	(weg)gehen; abfahren; (zurück)lassen; verlassen
(to) **lend** sb. sth.	**lent**	**lent**	jm. etwas leihen
(to) **let**	**let**	**let**	lassen
(to) **lie**	**lay**	**lain**	liegen
(to) **light** [aɪ]	**lit** [ɪ]	**lit** [ɪ]	anzünden
(to) **lose** [uː]	**lost** [ɒ]	**lost** [ɒ]	verlieren
(to) **make**	**made**	**made**	machen; herstellen
(to) **mean** [iː]	**meant** [e]	**meant** [e]	bedeuten; meinen
(to) **meet** [iː]	**met** [e]	**met**	treffen; sich treffen; kennenlernen
(to) **pay**	**paid**	**paid**	bezahlen
(to) **put**	**put**	**put**	*(etwas wohin)* tun, legen, stellen
(to) **read** [iː]	**read** [e]	**read** [e]	lesen
(to) **ride** [aɪ]	**rode**	**ridden** [ɪ]	reiten; *(Rad)* fahren
(to) **ring**	**rang**	**rung**	klingeln, läuten
(to) **rise up** [aɪ]	**rose**	**risen** [ɪ]	aufragen, emporragen
(to) **run**	**ran**	**run**	rennen, laufen
(to) **say** [eɪ]	**said** [e]	**said** [e]	sagen
(to) **see**	**saw**	**seen**	sehen
(to) **sell**	**sold**	**sold**	verkaufen
(to) **send**	**sent**	**sent**	schicken, senden
(to) **set** sth. **up**	**set**	**set**	etwas errichten, aufbauen; etwas arrangieren
(to) **shake**	**shook**	**shaken**	schütteln
(to) **shine**	**shone** [*BE:* ɒ, *AE:* əʊ]	**shone** [*BE:* ɒ, *AE:* əʊ]	scheinen *(Sonne)*
(to) **shoot** [uː]	**shot** [ɒ]	**shot** [ɒ]	schießen; erschießen
(to) **sing**	**sang**	**sung**	singen
(to) **sit**	**sat**	**sat**	sitzen; sich setzen
(to) **sleep**	**slept**	**slept**	schlafen
(to) **speak** [iː]	**spoke**	**spoken**	sprechen
(to) **spend**	**spent**	**spent**	*(Zeit)* verbringen; *(Geld)* ausgeben
(to) **spin around**	**spun**	**spun**	sich (im Kreis) drehen; herumwirbeln

(to) **spread** [e]	**spread** [e]	**spread** [e]	(sich) ausbreiten, (sich) verbreiten
(to) **stand**	**stood**	**stood**	setzen; sich (hin)stellen
(to) **steal** [iː]	**stole**	**stolen**	stehlen
(to) **stick**	**stuck**	**stuck**	stechen, stecken
(to) **swear** [eə]	**swore**	**sworn**	schwören
(to) **swim**	**swam**	**swum**	schwimmen
(to) **take**	**took**	**taken**	nehmen, mitnehmen; (weg-, hin)bringen; dauern, *(Zeit)* brauchen
(to) **teach**	**taught**	**taught**	unterrichten, lehren
(to) **tear down** [eə]	**tore**	**torn**	abreißen
(to) **tell**	**told**	**told**	erzählen, berichten
(to) **think**	**thought**	**thought**	denken, glauben
(to) **throw**	**threw**	**thrown**	werfen
(to) **tread** [e]	**trod**	**trodden**	treten
(to) **understand**	**understood**	**understood**	verstehen
(to) **wake up**	**woke up**	**woken up**	aufwachen; (auf)wecken
(to) **wear** [eə]	**wore** [ɔː]	**worn** [ɔː]	tragen *(Kleidung)*
(to) **win**	**won** [ʌ]	**won** [ʌ]	gewinnen
(to) **write**	**wrote**	**written**	schreiben

Grammatical terms
(Grammatische Begriffe)

active [ˈæktɪv]	Aktiv	*Jonas* ***scored*** *the final goal.*
adjective [ˈædʒɪktɪv]	Adjektiv, Eigenschaftswort	*good, big, red, expensive, …*
adverb [ˈædvɜːb]	Adverb, Umstandswort	
adverb of degree [dɪˈgriː]	Gradadverb	*very, quite, too, really, …*
adverb of frequency [ˈfriːkwənsi]	Adverb der Häufigkeit, Häufigkeitsadverb	*always, often, never, …*
adverb of indefinite time [ɪnˈdefɪnət]	Adverb der unbestimmten Zeit	*already, ever, just, never, …*
adverb of manner [ˈmænə]	Adverb der Art und Weise	*badly, happily, well, …*
adverbial of place	Umstandsbestimmung des Ortes, Ortsangabe	*Sam lives* ***in Plymouth****.*
adverbial of time	Umstandsbestimmung der Zeit, Zeitangabe	*I get up* ***at 8 o'clock****.*
article [ˈɑːtɪkl]	Artikel, Geschlechtswort	***the; a/an***
auxiliary (verb) [ɔːgˈzɪliəri]	Hilfsverb	***has*** *put;* ***don't*** *see;* ***can*** *sing*
backshift of tenses [ˈbækʃɪft]	Rückverschiebung der Zeitform *(in der indirekten Rede)*	*He said his name* ***was*** *Paul.*
clause element [ˈklɔːz‿ˌelɪmənt]	Satzglied	→ subject, verb, object, adverbial
command [kəˈmɑːnd]	Aufforderung(ssatz), Befehl(ssatz)	*Be quiet. Don't talk.*
comparative [kəmˈpærətɪv]	Komparativ (1. Steigerungsform)	*older; more expensive*
comparison [kəmˈpærɪsn]	Steigerung; Vergleich	*old – older – oldest; as old as … / older than …*
complement [ˈkɒmplɪmənt]	prädikative Ergänzung (zum Subjekt)	*Reading is* ***fun****.*
complex sentence [ˈkɒmpleks]	Satzgefüge (Haupt- und Nebensatz)	*I can't come because I'm ill.*
conditional sentence [kənˈdɪʃənl]	Bedingungssatz	*If I knew it, I would tell you.*
conjunction [kənˈdʒʌŋkʃn]	Konjunktion, Bindewort	*and, or, …; because, if, …*
contact clause [ˈkɒntækt klɔːz]	Relativsatz ohne Relativpronomen	*You're the boy* ***I love****.*

coordinating conjunction [kəʊˌɔːdɪneɪtɪŋ kənˈdʒʌŋkʃn]	nebenordnende Konjunktion, koordinierende Konjunktion	*and, or, but, …*
countable noun [ˈkaʊntəbl]	zählbares Nomen	*tree(s), idea(s), child(ren), …*
defining relative clause [dɪˈfaɪnɪŋ]	bestimmender Relativsatz	*The boy* ***who lives here*** *…*
definite article [ˌdefɪnət_ˈɑːtɪkl]	bestimmter Artikel	***the*** [D4] *bag;* ***the*** [D9] *apple*
demonstrative determiner [dɪˌmɒnstrətɪv dɪˈtɜːmɪnə]	Demonstrativbegleiter, hinweisender Begleiter	*this, that, these, those*
demonstrative pronoun [dɪˌmɒnstrətɪv ˈprəʊnəʊn]	Demonstrativpronomen, hinweisendes Fürwort	*this, that, these, those*
determiner [dɪˈtɜːmɪnə]	Begleiter	
direct speech [ˈdaɪrekt]	direkte Rede, wörtliche Rede	*'My name is Paul.'*
emphasizing pronoun [ˈemfəsaɪzɪŋ]	verstärkendes Pronomen	*myself, herself, ourselves, …*
exclamation [ˌekskləˈmeɪʃn]	Ausruf, Ausrufesatz	*What a nice cat! / Oh no!*
full verb	Vollverb *(Wortart)*	*go, dance, see, work, …*
future perfect [ˌfjuːtʃə ˈpɜːfɪkt]	vollendete Zukunft, Futur II	*Next July we* ***will have lived*** *here ten years.*
gerund [ˈdʒerənd]	Gerundium	***Surfing*** *is fun.*
***going to*-future**	Futur mit *going to*	*We're* ***going to play*** *cards.*
***if*-clause**	Nebensatz mit *if*, *if*-Satz	***If I knew it****, I would tell you.*
imperative [ɪmˈperətɪv]	Imperativ (Befehlsform)	*Listen. Be quiet. Don't talk.*
indefinite article [ɪnˌdefɪnət_ˈɑːtɪkl]	unbestimmter Artikel	***a*** *bag;* ***an*** *apple*
indirect speech [ˈɪndərekt, ˈɪndaɪrekt]	indirekte Rede	*He said his name was Paul.*
infinitive [ɪnˈfɪnətɪv]	Infinitiv (Grundform des Verbs)	*(to) close, (to) see, (to) sit, …*
irregular verb [ɪˌregjələ ˈvɜːb]	unregelmäßiges Verb	*(to) go – went – gone*
main clause [ˌmeɪn ˈklɔːz]	Hauptsatz	*If I knew it,* ***I would tell you****.*
main verb	Hauptverb, Vollverb *(Teil des Prädikats)*	*I can* ***sing****. / We didn't* ***play****.*
modal (auxiliary) [ˌməʊdl_ɔːgˈzɪliəri]	modales Hilfsverb, Modalverb	*can, could, must, may, will, …*
negative statement [ˈnegətɪv]	verneinter Aussagesatz	*I don't like bananas.*
non-defining relative clause [dɪˈfaɪnɪŋ]	nicht bestimmender Relativsatz	*Charlie Chaplin,* ***who was born in England****, …*
noun [naʊn]	Nomen, Substantiv	*Maya, boy, sister, time, …*
object [ˈɒbdʒɪkt]	Objekt	*Abby is writing* ***a letter****.*
object form	Objektform (der Personalpronomen)	*me, you, him, her, it, us, them*
object question	Objektfrage, Frage nach dem Objekt	*Who did you talk to?*
***of*-phrase** [ˈɒv freɪz]	*of*-Fügung	*the name* ***of the street***
part of speech [ˌpɑːt_əv ˈspiːtʃ] **(= word class)**	Wortart	↑ noun, verb, adverb, preposition, …
participle [ˈpɑːtɪsɪpl]	Partizip	*going, taking; gone, taken*
participle clause [ˌpɑːtɪsɪpl ˈklɔːz]	Partizipialsatz	*The girl* ***waiting at the bus stop*** *is my sister.*
passive [ˈpæsɪv]	Passiv	*The final goal* ***was scored*** *by Jonas.*
past participle [ˌpɑːst ˈpɑːtɪsɪpl]	Partizip Perfekt (3. Form des Verbs)	*gone, taken, watched*
past perfect [ˌpɑːst ˈpɜːfɪkt]	Plusquamperfekt, Vorvergangenheit	*He was late because he* ***had missed*** *the bus.*
past perfect progressive [ˌpɑːst ˌpɜːfɪkt prəˈgresɪv]	Verlaufsform des *past perfect*	*She* ***had been working*** *in the garden since 9 o'clock.*
past progressive [ˌpɑːst prəˈgresɪv]	Verlaufsform der Vergangenheit	*At 7.30 we* ***were having*** *dinner.*
personal passive [ˌpɜːsənl ˈpæsɪv]	persönliches Passiv	*She was offered a job.*
personal pronoun [ˌpɜːsənl ˈprəʊnaʊn]	Personalpronomen (persönliches Fürwort)	*I, you, he, she, it, we, …; me, you, him, her, it, us, …*

plural ['plʊərəl]	Plural, Mehrzahl	
positive statement ['pɒzətɪv]	bejahter Aussagesatz	*I like oranges.*
possessive determiner [pəˌzesɪv dɪ'tɜːmɪnə]	Possessivbegleiter (besitzanzeigender Begleiter)	*my, your, his, her, its, our, your, their*
possessive form [pəˌzesɪv 'fɔːm]	s-Genitiv	*Sam's sister; my friend's car*
possessive pronoun [pəˌzesɪv 'prəʊnaʊn]	Possessivpronomen (besitzanzeigendes Pronomen)	*mine, yours, his, hers, ours, yours, theirs*
preposition [ˌprepə'zɪʃn]	Präposition	*after, at, in, next to, over, …*
present participle [ˌpreznt 'pɑːtɪsɪpl]	Partizip Präsens	*going, taking, watching*
present perfect [ˌpreznt 'pɜːfɪkt]	*present perfect*	*We**'ve seen** this film before.*
present perfect progressive [ˌpreznt ˌpɜːfɪkt prə'gresɪv]	Verlaufsform des *present perfect*	*We**'ve been waiting** for over an hour.*
present progressive [ˌpreznt prə'gresɪv]	Verlaufsform der Gegenwart	*Lucy **is having** lunch.*
pronoun ['prəʊnaʊn]	Pronomen, Fürwort	
quantifier ['kwɒntɪfaɪə]	Mengenangabe	*much/many, some/any, …*
question ['kwestʃən]	Frage(satz)	
question tag ['kwestʃən tæg]	Frageanhängsel	*The song is great, **isn't it?***
question word	Fragewort	*who, what, why, how, …*
reflexive pronoun [rɪˌfleksɪv 'prəʊnaʊn]	Reflexivpronomen	*myself, herself, ourselves, …*
regular verb [ˌregjələ 'vɜːb]	regelmäßiges Verb	*(to) help – helped – helped*
relative clause [ˌrelətɪv 'klɔːz]	Relativsatz	*The boy **who lives here** …*
relative pronoun [ˌrelətɪv 'prəʊnaʊn]	Relativpronomen	*who, which, that, whose*
reported speech [rɪˌpɔːtɪd 'spiːtʃ]	indirekte Rede	*He said his name was Paul.*
request [rɪ'kwest]	Bitte	*Could you be quiet, please?*
s-genitive ['es ˌdʒenətɪv]	*s*-Genitiv	*Sam's sister; my friend's car*
sentence adverb ['sentəns‿ˌædvɜːb]	Satzadverb	*clearly, luckily, thankfully, …*
sentence type ['sentəns taɪp]	Satzart	→ positive/negative statement, question, imperative, exclamation
simple past [ˌsɪmpl 'pɑːst]	einfache Form der Vergangenheit	*Yesterday Sam **helped** Lucy.*
simple present [ˌsɪmpl 'preznt]	einfache Form der Gegenwart	*I often **go** to school by bus.*
singular ['sɪŋgjələ]	Singular, Einzahl	
statement ['steɪtmənt]	Aussage(satz)	*I like pop. / I don't like jazz.*
subject ['sʌbdʒɪkt]	Subjekt	***Abby** is writing a letter.*
subject form	Subjektform (der Personalpronomen)	*I, you, he, she, it, we, they*
subject question	Subjektfrage, Frage nach dem Subjekt	*Who likes bananas?*
subordinate clause [səˌbɔːdɪnət 'klɔːz]	Nebensatz	***If I knew it**, I would tell you.*
subordinating conjunction [səˌbɔːdɪneɪtɪŋ kən'dʒʌŋkʃn]	unterordnende Konjunktion, subordinierende Konjunktion	*after, because, if, that, till, when, …*
superlative [su'pɜːlətɪv]	Superlativ (2. Steigerungsform)	*(the) oldest; (the) most expensive*
uncountable noun [ʌn'kaʊntəbl]	nicht zählbares Nomen	*bread, tea, money, time, …*
verb [vɜːb]	Verb	→ full verb, main verb
verb [vɜːb] **(= verb phrase)**	Prädikat	*Reading **can be** fun.*
***will*-future** ['wɪl fjuːtʃə]	Futur mit *will*	*My sister **will be** 16 soon.*
word class ['wɜːd klɑːs] **(= part of speech)**	Wortart	→ noun, verb, adverb, preposition, …
word order ['wɜːd‿ˌɔːdə]	Wortstellung	
yes/no question	Entscheidungsfrage	*Are you 13? Do you like judo?*

Word order

1 REVISION Sentence types / Clause elements

➔ S. 24–25, Abschnitt 1–3

London for free

1 Did you know that London offers lots of things that cost you nothing at all?
2 Most of London's famous **museums and galleries** are free! **6** Would you like to find out how people learned to read Egyptian hieroglyphics[1]? **3** Then go to the British Museum and have a look at the Rosetta Stone.
A Or you can walk across some of the 34 **bridges** over the River Thames. **7** They are great places to watch life on the river or see London's beautiful buildings. **4** And it is not just the view *from* the bridges that is fantastic. With some bridges, like Vauxhall Bridge or Tower Bridge, the view *of* the bridge is at least as good.
5 How can you escape from the noise and the traffic and the crowds? **B** Well, you could take a walk in one of London's eight royal **parks**. **8** Go and watch the deer in Richmond Park, for example. **9** You won't believe you are still in one of the busiest cities in the world!
You have to pay to get into London's two most famous **churches**, St Paul's Cathedral and Westminster Abbey. But if you go to a service there, **C** you can admire[2] the buildings and listen to their wonderful choirs for free.
10 Where can you enjoy the best **views** of London for free? You could take the lift to the roof of *One New Change*. Or go for a walk on Hampstead Heath and climb Parliament Hill with all of London below you.

a) Fülle die Tabelle rechts aus:
- Ordne zuerst die Sätze **1** bis **5** aus dem Text oben den Satzarten **a–e** zu. Welcher Satz ist welche Satzart?
- Dann ordne die Sätze **6** bis **10** aus dem Text oben den Satzarten **a–e** zu. Welcher Satz ist welche Satzart?

b) Sieh dir nun die gelb markierten Sätze **A** bis **C** an. Aus welchen Satzgliedern *(clause elements)* bestehen sie?

- *subject – verb – object* = Satz ______
- *subject – verb – adverbial* = Satz ______
- *subject – verb – object – adverbial* = Satz ______

Satzarten (Sentence types)	**Sätze 1–5**	**Sätze 6–10**
a bejahter Aussagesatz (positive statement)		
b verneinter Aussagesatz (negative statement)		
c Entscheidungsfrage (yes/no question)		
d Frage mit Fragewort (question with question word)		
e Aufforderungssatz (imperative)		

2 REVISION Statements

➔ S. 24, Abschnitt 1–2

Bring die Wörter in die richtige Reihenfolge und bilde korrekte Sätze.

1 We/go/on Friday evenings/often/to the cinema. — 1 We often ______
2 We/meet/usually/in front of the town hall. — 2 ______
3 After the film/go/to *Burger Brothers*/we/sometimes. — 3 ______
4 Last Friday/couldn't go/I/because/enough money/I/didn't have. — 4 ______
5 Dad/gave/some money/this morning/me/so/I'll be able to/this evening/my friends/join. — 5 ______
6 We're/going to watch/a new vampire film/that/just/come out/has. — 6 ______

[1] **Egyptian hieroglyphics** [iˌdʒɪpʃn ˌhaɪərəˈɡlɪfɪks] ägyptische Hieroglyphen • [2] (to) **admire** [ədˈmaɪə] bewundern

3 REVISION Yes/No questions

➜ S. 25, Abschnitt 3.1

Wie wichtig sind Musik, Fernsehen, das Internet für dich? Bilde zuerst die Fragen. Achte dabei auf die Wortstellung und die Zeitform (Gegenwart oder Vergangenheit?) Und sei vorsichtig: Du brauchst nicht überall eine Form von *do*. Setze anschließend ein Häkchen bei den Fragen, die du für dich mit „ja" beantworten kannst.

☐ 1 you / the music website *Last.fm*? (**know**)

Do you know ______________________________ ?

☐ 2 you / at school / sometimes tired / because you played computer games the night before? (**be**)

______________________________ ?

☐ 3 you / last Sunday / more than an hour of TV? (**watch**)

______________________________ ?

☐ 4 you / sad or angry / when you miss your favourite programme? (**be**)

______________________________ ?

☐ 5 you / on your computer / lots of TV series? (**watch**)

______________________________ ?

☐ 6 you / yesterday / for more than an hour / the internet? (**surf**)

______________________________ ?

4 REVISION Questions with question words

➜ S. 25, Abschnitt 3.2

Bilde Fragen zu den folgenden Sätzen.

1 Levi Strauss made the first pair of jeans in the 1850s.

Who made the first pair of jeans?

When did ______________________________ ?

What did ______________________________ ?

2 Strauss founded the company[1] *Levi Strauss & Co.* in 1853 in San Francisco.

Who ? ______________________________

What ______________________________ ?

When ______________________________ ?

Where ______________________________ ?

3 Stephenie Meyer published[2] the first *Twilight* novel[3] in 2005.

Who ? ______________________________

What book ______________________________ ?

When ______________________________ ?

4 The band *Queen* recorded "We are the champions" in 1977.

Who ? ______________________________

What song ______________________________ ?

When ______________________________ ?

[1] **company** ['kʌmpəni] Firma • [2] (to) **publish** ['pʌblɪʃ] veröffentlichen • [3] **novel** ['nɒvl] Roman

5 REVISION Questions with question words

➜ S. 25, Abschnitt 3.2 – 3.3

Grace und Emily unterhalten sich am Telefon über die Freunde und Freundinnen ihrer Mitschüler und Mitschülerinnen, aber die Verbindung ist schlecht. Emily versteht die unterstrichenen Teile der Sätze nicht und muss Rückfragen stellen. Was fragt sie? (Achte auf das richtige Fragewort und die richtige Zeitform!)

Grace:	**Emily:**
1 Aidan is going out with <u>his ex-girlfriend</u> again.	Sorry, who is he ______________________?
2 Abigail's new boyfriend comes from <u>Jamaica</u>.	Sorry, ______________________?
3 Noah is in Bath. He's looking for <u>a girl that he met at some party.</u>	Sorry, ______________________?
4 Colin has thrown away <u>all the letters that Natalie wrote him</u>.	Sorry, ______________________?
5 I met Charlotte yesterday. She talked about <u>her date with Declan</u> all evening.	Sorry, ______________________?
6 Alex spends lots of free time with <u>Kim's brother</u>.	Sorry, ______________________ ______________________?

6 REVISION Questions with question words

➜ S. 25, Abschnitt 3.2 – 3.3

Dein Bruder soll Fragen zu folgendem Text formulieren. Er hat einige Ideen (siehe Kasten rechts), aber er ist unsicher, wie man die Fragen auf Englisch formuliert. Kannst du ihm helfen? (Achte darauf, ob du *did* brauchst oder nicht!)

It was a rainy Saturday evening in April. Jacob wanted to go to the cinema. He phoned his friend Hannah to ask her if she would like to join him, but Hannah wasn't in. She was at a party at another friend's house. So Jacob left a message and went on his own.
When Hannah saw Jacob the next day, she told him about the party. "It was great," she said. "I met some old friends from Manchester, and I talked to them for a long time. I knew them from school. It was good to see them after so many years."

1 Wer wollte ins Kino gehen?
2 Wer rief Hannah an?
3 Wann rief er Hannah an?
4 Was wollte er sie fragen?
5 Was geschah nach dem Anruf?
6 Was erzählte Hannah ihm über die Party?
7 Wen traf Hannah auf der Party?

1 Who ______________________?
2 Who ______________________?
3 When ______________________?
4 What ______________________ ______________________?
5 What ______________________ ______________________?
6 What ______________________ ______________________?
7 Who ______________________ ______________________?

7 Sentences with two objects

➔ S. 26, Abschnitt 5

Vervollständige die Sätze mit den beiden Objekten aus der Klammer. Vorsicht: Die Reihenfolge der Objekte in der Klammer ist nicht immer richtig! Und manchmal musst du *for* oder *to* ergänzen.

When we arrived in London, we had to ask someone to tell ______________________ (us / the way to our B&B). The next morning Mrs Carter, the lady at the B&B, gave ______________________ (Mum / a tourist map). But when we wanted to go to Camden Lock Market to get ______________________ ______________________ (friends and family at home / presents), we still had to ask someone to show ______________ (us / it) on the map. At Camden Lock, a man offered ______________________ ______________ (my parents / some tickets for a bus tour), and two young women tried to sell ______________________ (my sister and me / cheap CDs). In the evening, Mrs Carter explained ______________________ (us / the problem): often those CDs are illegal copies, she said.

On our way back to the B&B, we saw an accident[1]. On the pavement, a man was talking into his mobile – I guess he was reporting[2] ______________________ (the police / the accident).

On our last day, I bought ______________________ ______________________ (Grandma and Grandpa / a funny postcard) – but I forgot the send ______________ (them / it).

8 REVISION Adverbs and adverbial phrases

➔ S. 27–28, Abschnitt 6

Schreib den Text ab und füge dabei die Adverbien und Adverbialbestimmungen an den passenden Stellen ein. (Manchmal gibt es mehr als eine mögliche Position.)

Dear Henry,

It's lovely here in Rome (here / in Rome). We arrived (six days ago / at Rome airport). The weather is beautiful (really). It seems it rains (never / here). The temperature hasn't fallen below 25° (yet / in fact).

We go to the beach (most days). I'm suntanned[3] (already / quite). You get suntanned (in this climate[4] / very quickly).

We eat in a different restaurant (most evenings). The waiters[5] all speak English (luckily[6] / quite well). And if they don't understand you, they smile (just / politely). And we often go (to a disco / after dinner). We're (before two o'clock / never / in bed).

But we'll stay (at a different hotel / next time / probably). There are British people (in this one / everywhere / unfortunately[7]).

We'll be back (on July 27th). Looking forward to seeing you (then).

Love,

Caroline

[1] **accident** ['æksɪdənt] Unfall • [2] (to) **report** berichten • [3] **suntanned** ['sʌntænd] gebräunt, braun • [4] **climate** ['klaɪmət] Klima • [5] **waiter** Kellner • [6] **luckily** ['lʌkɪli] glücklicherweise • [7] **unfortunately** [ʌn'fɔːtʃənətli] leider

The verb

9 REVISION Types of verbs

➜ S. 29, Abschnitt 7

a) Welches der neun markierten Verben im folgenden Text ist …

- ein Vollverb im Infinitiv? ______
- ein Vollverb im *simple present*? ______
- ein Vollverb im *simple past*? ______
- ein modales Hilfsverb, mit dem man einen Rat ausspricht? ______
- ein modales Hilfsverb, das dem deutschen „können" entspricht? ______

Everyone **seems** to **think** **'Big Ben'** is the name of the famous clock tower in London, but that's not true.
Big Ben is in fact the name of the largest bell inside it.
The bell **rang** for the first time on 11th July 1859.
Today, millions of people around the world **can hear** Big Ben on BBC radio.
Most tourists **look** at the tower from the outside, but you **should climb** the tower and **see** the inside too.

b) Welches der sieben markierten Verben im folgenden Text ist …

- ein Vollverb im *simple present*? ______
- ein Vollverb im *simple past*? ______
- ein Hilfsverb zur Bildung des *present perfect*? ______
- ein Hilfsverb zur Bildung des Passivs? ______

The German band *Silbermond* **was** founded by members of a youth[1] project in 1998. They **started** writing their own songs – with German lyrics[2] – in 2001.
Their first album *Verschwende deine Zeit* **was** released[3] in 2004 and **went** to No. 3 on the German albums chart.
In 2009, they **won** the award[4] of Best German Act in the MTV Europe Music Awards.
Silbermond **have** released a couple of successful ballads, but they **see** themselves as a rock band.

10 The tenses of the full verbs

➜ S. 30–31, Abschnitt 8

Lies den folgenden Text. Um welche *tenses* handelt es sich bei den mit 1 bis 18 gekennzeichneten Verbformen.

- *simple present* 3, ______
- *present progressive* 1, ______
- *simple past* ______
- *past progressive* ______
- *present perfect* ______
- *present perfect progressive* ______
- *past perfect* ______
- *will-future* ______

While I**'m writing** (1) this, I**'m sitting** (2) at one of the tables outside a little café round the corner from where I **live** (3). I usually **have** (4) breakfast here before I **go** (5) to work. I **love** (6) this place. I even **wrote** (7) an article for our local paper about it once. "One of the best articles I**'ve ever read** (8) about our café," the owner[5] **said** (9) to me after he **had seen** (10) it.
In fact I'm lucky this café is still here. A couple of weeks ago the owner **had** (11) an accident[6] in the kitchen. He **was washing** (12) the dishes when some fat in a frying pan[7] **caught** (13) fire. They **had to** (14) take him to hospital. But it **wasn't** (15) too bad – they **let** (16) him go home the next day.
It's quarter past eight now, and I**'ve been waiting** (17) for my breakfast for nearly 20 minutes. I think I**'ll go** (18) inside and see what the problem is …

[1] **youth** [juːθ] Jugend • [2] **lyrics** *(pl)* ['lɪrɪks] (Song-)Text(e) • [3] (to) **release** [rɪ'liːs] herausbringen, veröffentlichen • [4] **award** [ə'wɔːd] Auszeichnung • [5] **owner** Besitzer/in • [6] **accident** ['æksɪdənt] Unfall • [7] **frying pan** ['fraɪɪŋ pæn] Bratpfanne

11 REVISION The simple present

➜ S. 32–33, Abschnitt 9–10

Jordan und Mia unterhalten sich über ihre Haustiere. Vervollständige die Sätze. Verwende das *simple present*. Gib acht bei der 3. Person Singular.

1 Jordan: I ________ (love) dogs. My dog Charlie always ________ (make) me smile when he ________ (look) at me.

Mia: I ________ (like) cats. I ________ (love) watching my cat Amber play.

2 Jordan: I sometimes ________ (play) football with Charlie in the garden.

Mia: Amber ________________ (not/play) football. She ________________ (not/like) big balls.

3 Jordan: Charlie always ________ (get) our paper in the morning.

Mia: Amber ________________ (not/get) the paper. Cats ________________ (not/do) that sort of thing[1].

4 Jordan: I often ________ (take) Charlie for a walk before I ______ (go) to bed.

Mia: Amber never ________ (leave) the house. She always ________ (stay) inside.

5 Jordan: Charlie usually ________ (sleep) in a basket under my desk.

Mia: Amber ________________ (not/sleep) in a basket. She ________ (sleep) in my bed.

12 REVISION The simple present: 3rd person singular

➜ S. 33, Abschnitt 10.1

a) Hier sind 12 Verben. Schreib die 3. Person Singular dazu.

1	(to) buy	buys	5	(to) go		9	(to) reach	
2	(to) challenge		6	(to) kiss		10	(to) relax	
3	(to) carry		7	(to) laugh		11	(to) study	
4	(to) enjoy		8	(to) pass		12	(to) wish	

b) Wie spricht man die 3. Person Singular der Verben im Kasten aus? Schreib die 3. Person Singular in die richtige Spalte der Tabelle rechts.

beat • bring • celebrate • change • cheer • close • drop • introduce • kick • kill • leave • see • think • wash • watch

[s]	[z]	[ɪz]
beats	brings	changes

[1] **that sort of thing** so etwas

13 REVISION The simple present

➜ S. 33, Abschnitt 10

Grace Palmer hat Besuch von ihrer Freundin Janet Harper. Vervollständige das Gespräch. (Wenn du Schwierigkeiten mit einer Lösung hast, lies den Dialog ein Stück weiter.)

1 G.P.: Janet, do ______ (you/remember) my neighbour Tim?
J.H.: No, I don't, sorry. Who ______ (you/mean)?
G.P.: Tim Harnell, the artist.
J.H.: Oh, right. What about him then?

2 G.P.: He ______ (not/live) here any more. He's in Cornwall now.
J.H.: Oh, I ______ (love) Cornwall. ______ in Cornwall ______ (he/live)?

3 G.P.: In a little village near Newquay. Lots of painters ______ (live) in that area.
J.H.: ______ kind of pictures ______ (he/paint) down there?

4 G.P.: The sea, cliffs, boats, sheep, seals, that kind of thing.
J.H.: Where ______ them (he/sell)?
And ______ them to (he/sell)?

5 G.P.: In tourist shops and on the markets. Mainly[1] to tourists, I think. I have one of his new pictures, actually. In the dining room. ______ ______ (you/want to see it)?
J.H.: Yes, please.

(A bit later, in the dining room …)

6 G.P.: There it is. ______ (you/like it)?
J.H.: Yes, I do. It's lovely.

7 G.P.: Tell you what: Why ______ (we/not drive) down to Cornwall on Saturday and visit him?
J.H.: Oh yes, that would be nice.

14 REVISION The present progressive

➜ S. 32, Abschnitt 9; S. 34, Abschnitt 11

Sieh dir die Bilder an und beschreibe, was die Leute tun. Wähle die richtigen Verben aus dem Kasten.

blow out • carry • drink • light • look • mop • pick up • wash

1

2

3

4

5

6

7

8

1 She's ______ a candle.
2 They ______ the dishes.
3 He ______ a firework.
4 They ______ rubbish.
5 He ______ the floor.
6 He ______ a large box.
7 He ______ at the motorbikes.
8 She ______ water from the stream.

[1] **mainly** ['meɪnli] hauptsächlich

15 REVISION The present progressive

➜ S. 34, Abschnitt 11.1

Hier sind 18 Verben. Schreib die *-ing*-Form dazu.

1	(to) argue	arguing	10	(to) dance	
2	(to) arrange		11	(to) drop	
3	(to) begin		12	(to) eat	
4	(to) burn		13	(to) hide	
5	(to) buy		14	(to) hug	
6	(to) change		15	(to) leave	
7	(to) cook		16	(to) plan	
8	(to) copy		17	(to) visit	
9	(to) cut		18	(to) win	

16 REVISION Present progressive or simple present?

➜ S. 32–34, Abschnitt 9–11

Wie müssen die Sätze **A** und **B** fortgesetzt werden – mit **a** oder mit **b**? Ordne zu.

1 **A** Do you think — **a** going to Venice[1] this winter?
B Are you thinking of — **b** it's a good idea to go to Venice in winter?

2 **A** She's walking her dog — **a** right now. Can she call you back?
B She walks her dog — **b** every morning before she goes to school.

3 **A** She has a party for all her friends — **a** on Saturday.
B She's having a party for all her friends — **b** on her birthday every year.

4 **A** Come on, the film is beginning — **a** at 7:15, not at 7:30.
B Come on, the film begins — **b** – we can wash the dishes later.

5 **A** He visits his grandparents — **a** every Friday.
B He's visiting his grandparents — **b** this afternoon.

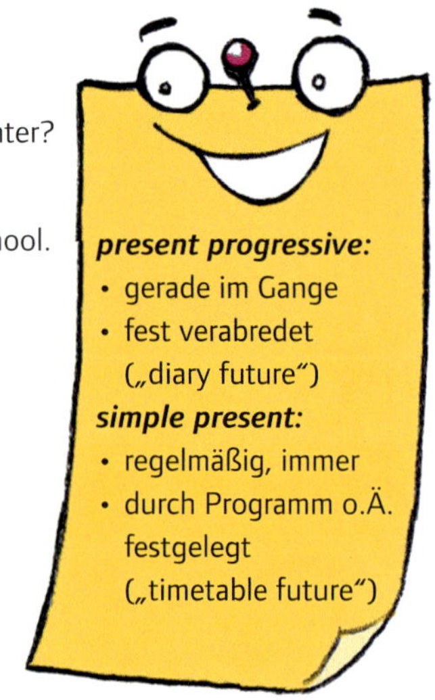

17 REVISION Present progressive or simple present?

➜ S. 32–34, Abschnitt 9–11

Lies den Text und kreise die richtige Verbform ein. Streiche die falsche Verbform durch.

Everybody in Cockwood ~~**talks**~~ / **is talking** about Crocker Farm at the moment, a piece of land that **lies / is lying** between Mill Road and the railway line[2]. These days there is no farm on it, but local people often **go / are going** walking there because it is pretty and quiet. Sadly, the district planners **believe / are believing** that the area is the right place for 230 new houses.

However[3], many people **protest / are protesting** and lots of teenagers from the local school **fight / are fighting** the plans. They **think / are thinking** they should try and protect their environment[4], and they **organize / are organizing** a demonstration. People opposed to[5] the plans **meet / are meeting** in the local pub every Friday evening.

[1] **Venice** ['venɪs] Venedig · [2] **railway line** ['reɪlweɪ laɪn] Bahnstrecke · [3] **however** [haʊ'evə] jedoch · [4] **environment** [ɪn'vaɪrənmənt] Umwelt · [5] **People opposed to …** [ə'pəʊzd] Menschen, die gegen … sind

18 REVISION The simple past

➜ *S. 35, Abschnitt 12.1; S. 36, Abschnitt 13*

Vervollständige den Text mit den passenden Verben aus dem Kasten. Verwende das *simple past*. (Vorsicht, einige Verben sind unregelmäßig!)

➜ *Unregelmäßige Verben: S. 82-84, Abschnitt 63*

appear • bark • be (2x) • catch • drop • fall • find • follow • get • happen • jump (2x) • lie • reach • run (2x) • see • take • throw

Abigail was in the garden with her dog Toby. She ______ the ball up into the air, and Toby jumped and ______ it. After about half an hour, their neighbour's cat ______ in the garden. The cat ______ Toby and ______ out of the garden gate. Toby ______ the ball and ______ the cat.

When they ______ the river, the cat ______ up a tree. Toby ______ around the tree and ______, but nothing ______. After a while, he ______ tired, ______ down under the tree and ______ asleep.

Later two of Abigail's friends ______ Toby and ______ him back to Abigail. Abigail ______ very happy.

19 REVISION The simple past

➜ *S. 35, Abschnitt 12.1; S. 36, Abschnitt 13*

a) **Hier sind 18 Verben. Schreib die *simple past*-Form dazu. Vorsicht – drei der Verben sind unregelmäßig.**

➜ *Unregelmäßige Verben: S. 82-84, Abschnitt 63*

1 (to) add	added	7 (to) decide	______	13 (to) like	______
2 (to) answer	______	8 (to) expect	______	14 (to) listen	______
3 (to) arrange	______	9 (to) feed	______	15 (to) visit	______
4 (to) beat	______	10 (to) film	______	16 (to) walk	______
5 (to) believe	______	11 (to) go	______	17 (to) wash	______
6 (to) chat	______	12 (to) guess	______	18 (to) watch	______

b) **Sieh dir die 15 regelmäßigen Verben in 19 a) noch einmal an. Wie spricht man ihre *simple past*-Form aus? Schreib die Formen in die richtige Spalte der Tabelle rechts.**

[d]	[t]	[ɪd]
answered	guessed	added

c) **Vervollständige jetzt den folgenden Text mit sieben der Verben aus 19 a).**

I ______ to London with my parents over Easter. We ______ through Soho, ______ Westminster Abbey and ______ to the street musicians at Covent Garden. But what I ______ best was our trip to Hampstead Heath where we ______ the squirrels[1] and ______ the ducks[2].

[1] **squirrel** [ˈskwɪrəl] Eichhörnchen • [2] **duck** [dʌk] Ente

20 REVISION The simple past

➔ *S. 35, Abschnitt 12.1; S. 36, Abschnitt 13*

a) Amelia, Emma, Owen und Benjamin waren in New York. Leider hatten sie nicht genug Zeit, all das zu tun, was sie sich vorgenommen hatten. Vervollständige die Sätze.

1 **(buy/not get)** Amelia: I ________ lots of DVDs, but I ______________ any presents for my parents.

2 **(go/not go)** Emma: I ________ to Ground Zero[1], but I ______________ to Washington Square Park.

3 **(have/not try)** Owen: I ________ some burgers, but I ______________ any bagels.

4 **(take/not take)** Benjamin: I ________ the Greenwich Village Tour, but I ______________ the Manhattan Tour.

5 **(walk/not walk)** Amelia: I ________ through Chinatown, but I ______________ through Central Park.

6 **(visit/not go)** Owen: I ________ Times Square, but I ______________ shopping on Fifth Avenue.

7 **(cycle[2]/not visit)** Emma: I ________ across Brooklyn Bridge, but I ______________ the Statue of Liberty.

8 **(see/not watch)** Benjamin: I ________ a film at the Village East Cinema, but I ______________ a musical.

b) Ihre Mitschülerinnen und Mitschüler haben viele Fragen an Amelia, Emma, Owen und Benjamin.

1 **(go/Bronx Zoo)** Did you go to Bronx Zoo ______________, Amelia?

2 **(try/hot dog)** ______________________________, Owen?

3 **(take a walk/High Line)** ______________ on the High Line ______________, Benjamin?

4 **(have/Chinese meal)** ______________________________, Amelia?

5 **(why/take/Greenwich Village Tour)** Why ______________ the Greenwich Village Tour ______________, Benjamin?

6 **(why/not visit/Statue of Liberty)** Why ______________________________, Emma?

7 **(how/like/burgers)** How ______________________________, Owen?

8 **(what/do/at Ground Zero)** ______________________________, Emma?

21 REVISION The past progressive

➔ *S. 35, Abschnitt 12.1; S. 37, Abschnitt 14*

Was taten sie letzten Samstag um 10 Uhr? Wähle das passende Verb aus dem Kasten und vervollständige die Sätze.

have • make • play • ride • work • write

It was 10 o'clock on Saturday morning …

1 Abby was having breakfast.

2 Leo ______________ his bike.

3 Justin ______________ on his computer.

4 Sam ______________.

5 Mr Bennett ______________ a salad.

6 Lucy ______________.

1

2

3

4

5

6

[1] **Ground Zero** [ˌɡraʊnd ˈzɪərəʊ] *Bezeichnung für den Ort des zerstörten World Trade Center in New York (wörtlich:* Bodennullpunkt) •
[2] (to) **cycle** [ˈsaɪkl] Rad fahren, radeln

22 REVISION Past progressive or simple past?

➜ S. 35, Abschnitt 12.1

Sieh dir die Bilder an und vervollständige die Sätze mit der richtigen Form des Verbs.

When the earthquake[1] started,

A Mrs Brown ____________________ (**make**) tea.

B Mrs Brown ____________ (**run**) out of the house.

When the lion escaped,

A John Webster ______________ (**have**) a sandwich.

B John Webster ____________ (**have**) a heart attack.

23 REVISION Past progressive or simple past?

➜ S. 35, Abschnitt 12.1

Vervollständige die Sätze mit der richtigen Form des Verbs.

When the concert was over, Jonah ______________ (leave) the concert hall. It ______________ (rain) heavily. Jonah ________________ (run) to the bus stop to catch the last bus home. He ______________ (get) on the bus and ________________ (take) a seat near the doors. After a while, he ________________ (see) that three girls ________________ (watch) him. He ________________ (look) out of the window and ________ ________ (pretend) not to notice[2] them.

When he ________________ (get) off at his stop, the street was empty apart from[3] a man who _____ _________ (cycle[4]) in the other direction[5]. Jonah ________________ (begin) to walk home.

Suddenly he ______________ (hear) footsteps behind him. Someone ____________________ (follow) him.

He ______________ (feel) for his keys in his pockets. Where were they?

Jonah ________________ (begin) to run. When he ________________ (open) the garden gate, he ___________ (feel) a hand on his arm. In panic, he ________________ (turn) round. The girls from the bus. “Hey, your keys! You dropped them in the bus”, one of them _________________ (say).

Morph was playing football when the cat appeared.

[1] **earthquake** ['ɜːθkweɪk] Erdbeben · [2] (to) **notice** ['nəʊtɪs] (be)merken · [3] **apart from** [ə'pɑːt] abgesehen von · [4] (to) **cycle** ['saɪkl] Rad fahren, radeln · [5] **direction** [daɪ'rekʃn, də'rekʃn] Richtung

24 REVISION The present perfect

➜ S. 35, Abschnitt 12.2; S. 38, Abschnitt 15

Wähle ein passendes Adjektiv aus dem Kasten und vervollständige die Sätze. Verwende das *present perfect*. (Vorsicht, alle Verben sind unregelmäßig!)

➜ *Unregelmäßige Verben: S. 82–84, Abschnitt 63*

awful • dizzy • fantastic • proud • red • shocked

1 Noah ____________ (win) a prize at school. His parents are ____________ of him.

2 Scarlet and her band feel ____________. They ____________ (just/come) second[1] in a talent show.

3 Mr Hall ____________ (lose) his job. His wife[2] is deeply ____________.

4 Little Asher feels ____________. He ____________ (break) his mother's favourite vase[3].

5 Stella ____________ (be) in the sun too long. Her skin[4] is all ____________ now.

6 Mr Berry feels a bit ____________. He ____________ (drink) too much coffee.

Morph is happy.
He has finished his book.

25 REVISION The present perfect

➜ S. 38, Abschnitt 15.1

Hier sind 12 Verben mit ihren *simple past*-Formen. Ergänze die 3. Form (das Partizip Perfekt). Vorsicht – neun Verben sind unregelmäßig. ➜ *Unregelmäßige Verben: S. 82–84, Abschnitt 63*

	infinitive	simple past	past participle		infinitive	simple past	past participle
1	(to) beat	beat	beaten	7	(to) record	recorded	____________
2	(to) copy	copied	copied	8	(to) ring	rang	____________
3	(to) cost	cost	____________	9	(to) scan	scanned	____________
4	(to) fall	fell	____________	10	(to) steal	stole	____________
5	(to) find	found	____________	11	(to) win	won	____________
6	(to) hold	held	____________	12	(to) write	wrote	____________

26 REVISION The present perfect

➜ S. 35, Abschnitt 12.2; S. 38, Abschnitt 15

Samstagmorgen bei Familie Harper … Was ist schon geschehen (+), was ist noch nicht geschehen (-)? Sieh dir die Beispiele an und vervollständige die Sätze.

1 (-) The Harpers / have breakfast — The Harpers haven't had breakfast yet.

2 (+) Jack / lay the table[5] — Jack has already laid the table.

3 (-) Mr Harper / make coffee — Mr Harper ____________

4 (+) Mrs Harper / be to the shops — Mrs Harper ____________

5 (-) Charlotte / get up — Charlotte ____________

6 (+) Jack and Samuel / have a shower — Jack and Samuel ____________

7 (-) Samuel / brush his teeth[6] — Samuel ____________

8 (-) Lucy / feed the cats — Lucy ____________

9 (-) Samuel / take the dog out — Samuel ____________

[1] (to) **come second** Zweite/r werden • [2] **wife,** *pl* **wives** [waɪf, waɪvz] Ehefrau • [3] **vase** [vɑːz] Vase • [4] **skin** [skɪn] Haut •
[5] (to) **lay the table, laid, laid** [leɪ, leɪd] den Tisch decken • [6] (to) **brush one's teeth** [brʌʃ] sich die Zähne putzen

27 REVISION The present perfect

➜ S. 35, Abschnitt 12.2; S. 38, Abschnitt 15

a) Vervollständige zuerst die Fragen in der Tabelle.

		Cora	Adam
1 (make your own video?)	Have you ever ______ ?	✓	✓
2 (organize a school festival?)	Have you ever ______ ?	✗	✗
3 (see a musical?)	Have you ever ______ ?	✓	✗
4 (meet a pop star?)	Have you ever ______ ?	✗	✗
5 (work as a DJ?)	Have you ever ______ ?	✓✓	✗
6 (be to a rock concert?)	Have you ever ______ ?	✓✓	✓

b) Nun schreib Coras und Adams Antworten auf. (✗ = *never* / ✓ = *once or twice* / ✓✓ = *often*).

1 Both Cora and Adam ______ their own video once or twice.

2 Cora and Adam ______ never ______ a school festival.

3 Cora ______. Adam ______.

4 Cora and Adam ______.

5 Cora ______, but Adam ______.

6 Cora ______, and Adam ______

______.

28 REVISION Present perfect or simple past?

➜ S. 38, Abschnitt 15.3

Sieh dir die Bilder an und vervollständige die Sätze mit der richtigen Form des Verbs.

1

1 Luke: Noah, we ______ (already – cycle[1]) 20 km. I need a break!

Noah: Come on. Yesterday we ______ (cycle) 50 km without stopping.

2

2 Grace: What about 'Island Dreams'?

Chloe: But we ______ (see) it!

We ______ (go) to see it last Friday. At the Odeon, remember?

[1] (to) **cycle** ['saɪkl] Rad fahren, radeln

29 REVISION Present perfect or simple past?

➜ S. 38, Abschnitt 15.3

Wie müssen A und B fortgesetzt werden – mit a oder mit b? Ordne zu.

1 **A** Finn hasn't washed the dishes — **b** yet.
B Finn didn't wash the dishes — **a** last night.

1 **A**	Finn hasn't washed the dishes	**a**	last night.
B	Finn didn't wash the dishes	**b**	yet.
2 **A**	I've worn this jacket	**a**	lots of times. It's my favourite jacket.
B	I wore this jacket	**b**	at my sister's 20th birthday party.
3 **A**	Have you seen Luke this morning?	**a**	No … he wasn't on the bus.
B	Did you see Luke this morning?	**b**	No … I've no idea where he is.
4 **A**	Have you been to the Eden Project	**a**	when you were in Cornwall?
B	Did you see the Eden Project	**b**	before, or is this your first visit?
5 **A**	I've spent a few days in Florida	**a**	but I've never been to California.
B	I spent a few days in Florida	**b**	when we were in the US last year.

30 REVISION Present perfect or simple past?

➜ S. 38, Abschnitt 15.3

Liam Boyle hat sich um eine Stelle bei einem Reisebüro beworben und musste einen Fragebogen ausfüllen. Vervollständige die Fragen und Liams Antworten.

1 (work) Have you worked in an office before?
(have / work) So far I've had two office jobs. First in Cork, and then I worked for a company[1] in Dublin.

2 (ever – be) __________ to France or Spain?
(spend / never – be) I __________ my holidays in France last summer, but __________ to Spain.

3 Do you speak any other languages?
(learn / live) __________ some German when we __________ in Germany in the 1990s.

4 (ever – use) __________ German professionally[2]?
(only – use) __________ it once or twice to help tourists from Germany.

5 (do) __________ any voluntary[3] work?
(work / do) __________ with children at youth camps[4], and __________ some voluntary work in an old people's home.

6 (ever – organize) __________ an activity, for example a holiday camp or a festival?
(organize) __________ a school concert this spring.

[1] **company** ['kʌmpəni] Firma · [2] **professionally** [prə'feʃənəli] beruflich · [3] **voluntary** ['vɒləntri] ehrenamtliche(r, s) · [4] **youth camp** ['ju:θ kæmp] Jugendlager

31 The present perfect progressive

➜ *S. 35, Abschnitt 12.2; S. 39–40, Abschnitt 16*

a) Welche der Zeitangaben im Kasten verwendet man mit *since*? Welche mit *for*?

2014 • a long time • April • a week • breakfast • Easter • five minutes • four o'clock • hours • last week • Monday • over a month • three hours • two years

since 2014, ______

______

for a long time, ______

______

b) Sieh dir die Bilder und den Beispielsatz an und vervollständige die Sätze mit dem passenden Verb aus dem Kasten. Achte auf die richtige Präposition: *since* oder *for*?

correct • play • rain • sail • sing • write

1 (three o'clock) They've been sailing since three o'clock.

2 (about an hour) He ______ his students' homework ______.

3 (20 minutes) They ______.

4 (half an hour) She ______ postcards ______.

5 (noon[1]) She ______ tennis ______.

6 (Monday) It ______.

They've been fighting over that book for quite some time now.

[1] **noon** [nu:n] Mittag

32 The present perfect progressive

➜ S. 35, Abschnitt 12.2; S. 39–40, Abschnitt 16

Vervollständige die Sätze mit einer passenden Zeitangabe aus dem Kasten.

2012 • 25 minutes • five o'clock • four hours • four years • his tenth birthday

1 We've been waiting for the bus for ___ now.

2 She's been doing her homework since ___ now.

3 It's been raining for ___ now.

4 Jack has been playing the drums since ___ now.

5 We've been learning English with Mrs McTell for ___ now.

6 I've been going to this school since ___ now.

33 The present perfect progressive

➜ S. 35, Abschnitt 12.2; S. 39–40, Abschnitt 16

Vervollständige die Dialoge mit einem passenden Verb und *since* bzw. *for*.

1 Oliver: Look, there's Kaleb. He's still trying to repair his motorbike.

Ava: Do you mean he ___ working on it ___ this morning? Without stopping?

2 Mrs C.: If you're looking for the twins, they're out on the tennis court[1].

Mr C.: Really? That means they ___ tennis ___ more than three hours now!

3 Mrs T.: Has Jason done his homework, Emma?

Emma: I don't think so[2]. He ___ TV ___ we came home from school.

4 Mr B.: Where's your scarf, Benjamin?

Mia: I don't know, Dad. I ___ for it ___ the last half hour, but I just can't find it.

34 Present perfect or present perfect progressive?

➜ S. 40, Abschnitt 16.3

Sieh dir Satz 1 an vervollständige dann die anderen Sätze.

1 (write / write) Emily has been writing letters since six o'clock. She has written four letters already.

2 (work / plant) Mrs Wingfield ___ in the garden since lunchtime. She ___ three rose bushes[3].

3 (paint / finish) Mr Banks ___ the kitchen chairs all morning. He ___ three chairs already.

4 (record / record) Jake and his band ___ new songs for four hours now. They ___ three songs so far.

5 (work / not finish) Oliver ___ on his model plane for hours now, but he still ___ it.

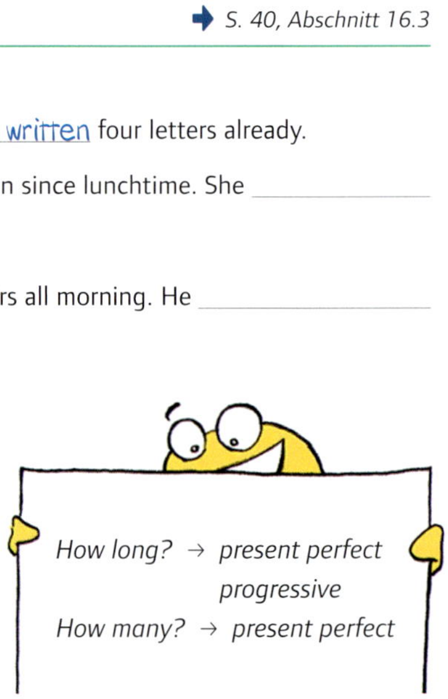

[1] **tennis court** [kɔːt] Tennisplatz • [2] **I don't think so.** Ich glaube nicht. • [3] **rose bush** ['rəʊz bʊʃ] Rosenstrauch

35 The past perfect

S. 35, Abschnitt 12.3; S. 41, Abschnitt 17

In jedem der folgenden Sätze gibt es zwei Handlungen, (a) und (b). Was geschah zuerst? Was geschah danach? Trage für jeden Satz die Handlungen (a) und (b) in die richtige Spalte der Tabelle ein.

1 Scarlett (a) **got up** after her parents (b) **had left** the house.
2 As soon as she (a) **had fed** her cats, she (b) **cycled**[1] into town to meet her friends at their favourite café.
3 But her friends (a) **had already gone** to the shopping centre in King Street, so she (b) **left the café and walked** the short way to King Street.
4 At the shopping centre, she (a) **realized**[2] that she (b) **had left** her bike outside the café.
5 She (a) **hurried** back to the café, but someone (b) **had stolen** her bike.

	zuerst	danach
1	b	a
2		
3		
4		
5		

36 The past perfect

S. 35, Abschnitt 12.3; S. 41, Abschnitt 17

Vervollständige die Sätze mit dem passenden Verb aus dem Kasten.
Verwende das *past perfect*.

Unregelmäßige Verben: S. 82-84, Abschnitt 63

break · not find · search[3] · see · take · throw

When Simon Jones got back home from a weekend in Wales, he saw that someone had broken into his house. The thieves ______ his laptop and his mother's jewellery[4], and they ______ the whole house for other things worth stealing. Luckily[5], they ______ his safe behind the bathroom mirror. The kitchen window was open and there was glass all over the floor. It looked as if the thieves ______ a stone through the kitchen window to get in. Later, the neighbours' daughter said she ______ two men in overalls in the back garden.

37 Past perfect or simple past?

S. 41, Abschnitt 17.2

a) Welcher der beiden Sätze rechts ist korrekt für Satz 1, welcher für Satz 2? Kreuze an.

1 When his mum came home from work, Jason **had made** tea.
- ☐ His mum came home, then Jason made tea.
- ☐ Jason made tea, then his mum came home.

2 When his mum came home from work, Jason **made** tea.
- ☐ His mum came home, then Jason made tea.
- ☐ Jason made tea, then his mum came home.

b) Welches dieser beiden Bilder gehört zu Satz 1, welches zu Satz 2?

A

B

Bild A gehört zu Satz ___.

Bild B gehört zu Satz ___.

[1] (to) **cycle** ['saɪkl] Rad fahren, radeln · [2] (to) **realize** ['riːəlaɪz] bemerken · [3] (to) **search** [sɜːtʃ] durchsuchen · [4] **jewellery** ['dʒuːəlri] Schmuck · [5] **luckily** ['lʌkɪli] glücklicherweise

38 Past perfect or simple past?

➜ S. 41, Abschnitt 17.2

Vervollständige die Sätze mit der richtigen Form des Verbs.

1 Last Saturday I ________________ (visit) my grandparents in Brighton. They ________________ (not see) me for quite some time.

2 The Walters ________________ (not live) here very long when Mr Walter ____________ (become) ill.

3 Mr Cole ____________________ (introduce) me to his wife[1]. We ____________ (meet) at the last office party, but I ________________ (forget).

4 She ________________ (work) for the company[2] for only sixteen months when she ________________ (become) managing director[3].

5 When I ________________ (arrive) home last night, my parents were out, but they ____________ (leave) a meal for me in the fridge[4].

6 He ____________ (have) to go back inside because he ____________ (leave) the TV on.

39 REVISION The *will*-future

➜ S. 42–43, Abschnitt 19–20

Vervollständige das Gespräch. Verwende das *will-future*.

1 Owen: People ________________ (have to) use their cars less in the future.

2 Alice: Do you think they ____________ (use) their bikes instead?

3 Connor: No chance! I think most people ________________ (continue) to use cars.

4 Owen: But petrol[5] ____________ (get) so expensive that people ____________________ (not be able to) pay for it. Or we ____________ (run) out of petrol …

5 Connor: Ah come on. I'm sure scientists ____________ (find) a way to keep our cars running.

6 Alice: Well, I hope they ____________________ (not be allowed) in city centres. Then people ________________ (have to) use buses or trains … or bikes.

7 Connor: And then they ____________ (build) bike parks instead of car parks[6], or what? I don't think so.

8 Owen: Well, I think Alice is right! And I hope all that ________________ (happen) soon.

40 REVISION The *will*-future

➜ S. 42–43, Abschnitt 19–20

Die Millers wollen ihrer Tochter Hannah zum Geburtstag eine Gartenparty organisieren. Wähle passende Verben und Zeitangaben aus dem Kasten und vervollständige das Gespräch. (Es gibt nicht nur eine richtige Lösung.)

> do • phone • talk • tell
> as soon as I see them • right now •
> this evening • tomorrow morning

1 Mrs M.: Have you ordered the steaks for the barbecue?
Mr M.: No, I haven't. I ____.

2 Mrs M.: Have you asked the Carlins if we can borrow[7] their garden chairs?
Mr M.: Not yet. I ____.

3 Mrs M.: Have you invited Hannah's friends?
Mr M.: Not yet. I ____.

4 Mrs M.: Have you told the neighbours about the party?
Mr M.: No, I haven't. I ____.

[1] **wife,** *pl* **wives** [waɪf, waɪvz] Ehefrau • [2] **company** ['kʌmpəni] Firma • [3] **managing director** Geschäftsführer/in • [4] **fridge** [frɪdʒ] Kühlschrank • [5] **petrol** ['petrəl] Benzin • [6] **car park** Parkplatz • [7] (to) **borrow** ['bɒrəʊ] (aus)leihen

41 REVISION The *going to*-future

S. 42, Abschnitt 19; S. 43–44, Abschnitt 21

Diese Schülerinnen und Schüler sind demnächst mit der Schule fertig. Sie haben schon Pläne für die Zukunft. Lies, wofür sie sich interessieren, und frage sie, was sie nach der Schule machen wollen.

apply[1] • be • become • do • open • study • work • work

a course in media design • a fashion boutique • an actor • as a fitness instructor[2] • for a job in a laboratory[3] • in tourism • information technology • a cook

1 Ashton: "I like travelling, and I'm interested in foreign[4] countries."

"Are you going to work in tourism?"

2 Hailey: "I love sports. I'd like to help people to stay fit."

"Are ______________________________?"

3 Taylor: "I'm interested in everything to do with films and video games. Visual effects[5], programming, etc."

"Are ______________________________?"

4 Joshua: "I've got a good fashion sense[6]. I want to help people to find their own style."

"Are ______________________________?"

5 Matthew: "The stage has always fascinated me. I love acting, dancing, singing …"

"Are ______________________________?"

6 Madison: "I'm good at cooking. I love to try out new recipes."

"Are ______________________________?"

7 Jasper: "I'm a computer freak."

"Are ______________________________?"

8 Faith: "I like doing experiments."

"Are ______________________________?"

42 REVISION *going to*-future, *will*-future, present progressive

S. 42–44, Abschnitt 19–21

Sarah und Mike wollen heiraten. Sarah schreibt ihrer Freundin, wie es in Zukunft mit Mike und ihr weitergehen soll. Vervollständige ihren Bericht.

"Mike and I have fixed[7] the date of our wedding[8]. We're getting married [*auch möglich:* We're going to get married] (get married) on April 28th. In June, Mike's company ______________ (send) him to Saudi Arabia for a year, and it ______________ (be) easier for me to go with him if we get married. I know I ______________ (have to) give up my job here in London, but I hope I ______________ (be able to) learn Arabic while I'm there. I'm sure that it ______________ (improve) my chances on the job market when we get back. Mike's boss has given us the names of two Arab women living in London. I ______________ (meet) them tomorrow after work. I guess they ______________ (be able to) help me to feel less nervous about the whole thing. … By the way, I hope you ______________ (have) time to come to the wedding."

[1] (to) **apply (for)** [əˈplaɪ] sich bewerben (um) • [2] **fitness instructor** Fitnesstrainer/in • [3] **laboratory** [ləˈbɒrətri] • [4] **foreign** [ˈfɒrən] fremd • [5] **visual effect** [ˈvɪʒuəl] visuelle Effekte • [6] **sense** Gespür • [7] (to) **fix** festlegen • [8] **wedding** Hochzeit

43 REVISION Modal auxiliaries

➜ S. 45–48, Abschnitt 23

Lies die Situationsbeschreibungen und wähle ein passendes Modalverb aus dem Kasten, um die Sätze zu vervollständigen. (Es gibt nicht immer nur eine richtige Lösung.)

can't · could · may · might · must · should

1 *The teacher asks Jack why his classmate Oliver isn't at school today. Jack knows that Oliver only misses school when he's really ill. Jack says:*

"Oliver ________ be ill."

2 *A friend asks Jack if Oliver will be fit for the football match on Friday. Jack thinks it's possible, but of course he can't be sure. Jack says:*

"He ________ be."

3 *School is over. Jack is waiting for the bus. The bus is late, but Jack knows he usually doesn't have to wait longer than a few minutes. He thinks:*

"It ________ be here soon."

4 *From the bus, Jack sees a boy who looks like Oliver. Jack asks another classmate:*

"________ that be Oliver?"

5 *Then Jack realizes[1] that this boy isn't as tall as Oliver. He says:*

"No, that ________ be Oliver."

6 *Later in the day, Jack phones Oliver. Oliver tells him:*

"Don't worry, Jack. I feel OK again. I ________ even be back at school tomorrow."

44 REVISION Modal auxiliaries: *must, needn't, mustn't*

➜ S. 45–48, Abschnitt 23

Vervollständige die Sätze mit *must, needn't* oder *mustn't*.

1 You ________ put the kettle on[2] for tea. It's almost 8 o'clock, and I ________ be late for work.

2 Student: ________ we stay together in a group when we're in the museum?
Teacher: No, you ________ stay together. But remember: You ________ touch anything.

3 David: Anna, can you take my trousers to the cleaner's[3]? I ________ have got some oil on them when I was repairing my bike.
Anna: You ________ be joking[4]! I'm not your servant[5], you know!
David: Hey, calm down. You ________ get all angry. I was just asking.

45 Modal auxiliaries

➜ S. 45–48, Abschnitt 23

Kreuze die richtige Lösung an.

1 You ☐ **needn't** ☐ **mustn't** ☐ **don't have to** forget Grandpa's birthday.
2 The exercise ☐ **mustn't** ☐ **needn't** ☐ **shouldn't** be too difficult. I'm sure you can do it.
3 We missed the last bus, so we ☐ **had to** ☐ **must** ☐ **might** take a taxi.
4 We ☐ **were allowed to** ☐ **could** ☐ **mustn't** make some sandwiches if you're still hungry.
5 The tin-opener was brand-new, but I still ☐ **didn't have to** ☐ **mustn't** ☐ **wasn't able to** open the tin.
6 Look, Mr Martin is running to the bus stop. He ☐ **can** ☐ **must** ☐ **should** be late for work again.
7 If you stay at home, you ☐ **couldn't** ☐ **shouldn't** ☐ **won't be able to** visit the TV studio with the others.
8 We ☐ **were allowed to** ☐ **had to** ☐ **needn't** go swimming whenever we liked.

[1] (to) **realize** ['riːəlaɪz] bemerken · [2] (to) **put the kettle on** ['ketl] Wasser aufsetzen · [3] **the cleaner's** Reinigung · [4] (to) **joke** Witze machen; scherzen · [5] **servant** ['sɜːvənt] Diener/in

46 Modal auxiliaries

S. 47–48, Abschnitt 23.5–23.7

Alissa und James waren in den Sommerferien in einem Ferienlager auf einem Campingplatz, auf dem sehr strenge Regeln galten. Nach ihrer Rückkehr berichten sie ihren Freunden und Freundinnen. Verwende die richtige Form von *have to, be able to* und *be (not) allowed to* und schreibe auf, was sie berichten.
(Es gibt nicht immer nur eine richtige Lösung.)

1 Bedtime: 9 pm • wake-up call: 6 am
2 Hot showers: 6 am – 7 am.
3 Use of washing machine: Tuesday and Friday mornings
4 Breakfast: 7 am – 7:45 am
5 Bathroom duty[1]: after breakfast
6 No girls in boys' tents and vice versa[2]
7 No ball games on campsite (use sports ground behind café)
8 No music after 8 pm
9 No food in the tents
10 *Note:* No mobile reception[3] on the campsite – free WiFi at the café!

1 We had to be in bed by 9 pm. And we had to ______________________ .

2 We were only able to ______________ between 6 am and 7 am.

3 We ______________ the washing machine on Tuesday and Friday mornings.

4 We ______________ between 7 and 7:45 am.

5 We ______________ after breakfast.

6 Girls ______________ in the boys' tents, boys ______________ in the girls' tents.

7 We ______________ ball games on the campsite.
We ______________ the sports ground behind the café.

8 We ______________ music after 8 pm.

9 We ______________ into the tents.

10 We ______________ our mobiles on the campsite, but ______________ the free WiFi at the café.

47 The passive

S. 49–51, Abschnitt 24

The church choir is looking for extra singers. "We have 30 regular singers," said Janet Hall, the choir leader, "but 10 more are needed for our Christmas concerts." Ms Hall can be reached at 01872 27557.

The library building which was badly damaged[4] in a fire last April was finally pulled down[5] on Friday. An office block has been planned for the site[6]. The library's books have been put into the university library for the time being.

Some unusual sounds will be heard at St John's Church at Shrivenham next Sunday. Church-goers have been invited to bring their pets in order to[7] celebrate St Francis of Assisi, the patron saint[8] of animals.

Lies die Kurznachrichten aus einer Lokalzeitung. Sie enthalten acht Verben im Passiv. Schreib die Passivformen in die richtige Spalte der Tabelle.

The passive				
simple present	**simple past**	**present perfect**	**will-future**	**with modal auxiliary**
		has been planned		

[1] **duty** ['dju:ti] Dienst • [2] **vice versa** [ˌvaɪs 'vɜ:sə] umgekehrt • [3] **reception** [rɪ'sepʃn] Empfang • [4] (to) **damage** ['dæmɪdʒ] beschädigen • [5] (to) **pull down** abreißen • [6] **site** Stelle • [7] **in order to** um zu • [8] **patron saint** [ˌpeɪtrən 'seɪnt] Schutzheilige(r)

48 The passive

S. 49–51, Abschnitt 24

Aktiv oder Passiv? Vervollständige den Artikel über *The Teapot*, ein Café in Cornwall, mit der richtigen Form des Verbs.

The Teapot is owned (own) by Vicky and David Morgan. It's a great place to go for breakfast. A full English breakfast ______ (serve) between 8 and 11, and continental breakfast is also available.

Vicky and David ______ (offer) different specialities every week. They only ______ (use) organic vegetables, all of which ______ (grow) on local farms. The café ______ (specialise) in traditional English food, and everything ______ (prepare) fresh in the kitchen. So if you're a fan of shepherd's pie[1], make sure you ______ (get) there on time – hot meals ______ (only serve) between 12 and 2.

Most credit cards ______ (accept) at *The Teapot*, and tables ______ (can / book) online or by calling 01208 34803.

49 The passive

S. 49–51, Abschnitt 24

Vervollständige den zweiten Teil der Äußerungen. Verwende das Passiv. Achte auf die richtige Zeitform. Beachte: Bei den Sätzen 6 bis 8 musst du ein passendes Modalverb ergänzen!

1 No, we didn't win. (beat 4:1)
We were beaten 4:1.

2 The young man didn't die in an accident. (kill / during a bank robbery)
He ______ during a bank robbery.

3 The terrorists won't escape. (catch/at the border)
They ______.

4 Work on the new gym has finished. (open / tomorrow)
It ______.

5 Ms Jones is flying to Italy. (meet / at the airport)
She ______.

6 Capuchin Monkeys eat fruit, flowers, and insects[2]. (find / in South America)
They ______ in South America.

7 Snowboarding can be dangerous. (helmets[3] / wear / at all times)
Helmets ______ at all times.

8 Everything was very quiet during the day. (But the howling of dogs / hear / at night)
But the howling of dogs ______ at night.

50 The passive

S. 50–51, Abschnitt 24.5

Milo hat mit seiner Klasse eine Firma besichtigt, die Modellflugzeuge herstellt. Vervollständige seinen Bericht mit den Verben aus dem Kasten.

give · offer · show · teach · tell

First we ______ a few things about the history of the company. We found that a bit boring, but then we ______ an interesting film. It explained how they develop[4] a new model plane, from the first computer designs to the final product[5].

At lunchtime, we ______ vouchers[6] for the canteen, where we had a chance to talk to some of their workers. And in the afternoon, we took part in a workshop where we ______ how to fly their planes. That was a lot of fun.

But the best thing about the visit was that I ______ an internship[7] for the summer holidays! I'm really looking forward to that.

[1] **shepherd's pie** [paɪ] *mit Kartoffelbrei überbackenes Lammhack* · [2] **insect** ['ɪnsekt] · [3] **helmet** ['helmɪt] Helm · [4] (to) **develop** [dɪ'veləp] entwickeln · [5] **product** ['prɒdʌkt] · [6] **voucher** ['vaʊtʃə] Gutschein · [7] **internship** ['ɪntɜːnʃɪp] Praktikum

51 The infinitive

➜ *S. 53–54, Abschnitt 26*

Q 1: What made you become an actor?
A 1: I enjoy making people laugh – or cry.

Q 2: What do you dislike about going on tour with a play?
A 2: I don't like to be away from my family. And I've started to hate eating in restaurants and fast food places all the time.

Q 3: Which film director would you like to meet – and why?
A 3: Quentin Tarantino – to tell him I'd love to be in one of his films.

Q 4: What don't you do often enough?
A 4: I should read a good book now and again[1] – but I just don't find the time.

Q 5: Is there anything you don't like about yourself?
A 5: Oh yes, of course there is. I don't know when to shut up[2]. I should learn how to listen some time soon.

Die Fragen und Antworten oben enthalten 20 Infinitive – manche mit „to", manche ohne „to". Unterstreiche die Infinitive (mit Bleistift). Trage sie dann in die richtige Zeile der Tabelle ein.

infinitive without "to" (13)	become,
infinitive with "to" (7)	to be,
question word + infinitive with "to" (2)	
infinitive with "to" meaning "um zu" (1)	

52 The infinitive

➜ *S. 53–54, Abschnitt 26.3*

Heute Abend ist Disco im Jugendklub. Vervollständige die Sätze. Sieh dir dazu die Fragen im Kasten an.

Dance how? · Meet where? · Ask who? · Get back home how? · Phone him when? · Wear which dress?

1 Thomas doesn't want to go on his own, but he doesn't know who to ask.

2 Lydia and her brother would like to go, but there are no buses after 10, so they don't know ________________.

3 Avery wants to go with Cora, but they haven't agreed yet ________________.

4 Ruby is looking forward to the disco, but she can't decide ________________.

5 Miles won't go. He hates discos, because he has never learned ________________.

6 Chris wants to ask Thomas, but he isn't sure ________________.

[1] **now and again** hin und wieder · [2] (to) **shut up** [ˌʃʌt‿ˈʌp] den Mund halten

53 The infinitive

S. 53–54, Abschnitt 26.3

a) Die folgenden zwei Sätze sind falsch. Kannst du sie korrigieren?

1 The Millers would like that their son takes up[1] guitar lessons.

The Millers would like their son ______________________.

2 The Browns want that their daughter studies languages.

The Browns ______________________

______________________.

b) Julian studiert in London. Das Leben in London ist teuer, und Julian und seine Eltern streiten oft über Geld. Vervollständige die Sätze.

1 Julian wants – his parents / give him more money

Julian wants his parents ______________________.

2 His parents have told – Julian / try and get a job

His parents have told ______________________.

3 They have asked – Julian / apply for[2] an evening job in a pub or at a petrol station[3]

They have ______________________ in a pub or at a petrol station.

4 Julian would like – his parents / understand his point of view

Julian ______________________.

5 But his parents expect – Julian / earn his own money as soon as possible[4]

But ______________________ as soon as possible.

54 The gerund

S. 54, Abschnitt 27.1–27.2

Sieh dir die Aktivitäten im Kasten und Beispielsatz 1 an. Vervollständige dann die anderen Sätze. (Es gibt nicht nur eine richtige Lösung.)

chill by the pool · climb a mountain · play tennis · steer a boat · swim in the sea

1 Playing tennis is a good way to stay fit.

2 ______________________ is a great alternative if it's too hot to explore the countryside.

3 ______________________ is hard work, but it can also be a lot of fun.

4 ______________________ outside the protected area is dangerous.

5 ______________________ is different from driving a car.

[1] (to) **take sth. up** mit etwas beginnen · [2] (to) **apply for** [ə'plaɪ] sich bewerben um · [3] **petrol station** ['petrəl steɪʃn] Tankstelle · [4] **as soon as possible** ['pɒsəbl] so schnell wie möglich

55 The gerund

➜ S. 55, Abschnitt 27.3

Wähle passende Verben aus dem Kasten und vervollständige den Text.

ask • fly • go • rain • run • sit • travel • unpack

I suggested going to Spain, but Dad hates ______, so we went to Wales again.

The drive was so boring. I just don't like ______ by car – I can't stand ______ still for hours and hours. I kept ______ Dad to stop for a break, but he just drove on until we finally got to the campsite.

When we had finished ______ our things, we were all hungry. It was raining heavily by then. I said I wouldn't mind ______ over to the fast food place in the village to get some burgers. But Mum was afraid[1] I might catch a cold, so we had some sandwiches. What a boring start to our holiday … I hope it'll stop ______ soon.

56 Gerund or *to*-infinitive?

➜ S. 55, Abschnitt 27.3

a) Vervollständige den Text mit dem Gerundium oder dem *to*-Infinitivs des Verbs. (Manchmal ist beides möglich.)

My name is Jessica. I'm a sporty person. I enjoy ______ (play) basketball and volleyball, but if I have the choice[2] I prefer[3] ______ (run). I'm interested in foreign[4] cultures. I love ______ (travel) by train, but I dislike ______ (fly). Two years ago I started ______ (learn) French, and I'd like ______ (learn) Spanish too. I'd love ______ (work) in the tourist industry[5] later. I wouldn't mind ______ (earn) lots of money some time in the future, maybe in a foreign country. I could imagine ______ (move) to Turkey, for example. In the coming months, however[6], I'll have to keep ______ (work) hard to get good marks[7] in my final exams[8].

b) Gerundium oder *to*-Infinitiv? Vervollständige die Regeln.

Wenn Verben auf Verben folgen

1. Nach **dislike, enjoy, imagine, keep, mind** (und einigen anderen Verben) steht ______.
2. Nach **begin, continue, start, like, love, hate, prefer** steht ______.
3. Nach **would like, would love, would hate, would prefer** steht ______.

[1] (to) **be afraid** [ə'freɪd] Angst haben • [2] **choice** [tʃɔɪs] Wahl • [3] (to) **prefer** [prɪ'fɜː] vorziehen • [4] **foreign** ['fɒrən] fremd • [5] **tourist industry** ['ɪndəstri] Tourismusbranche • [6] **however** [haʊ'evə] jedoch • [7] **mark** (Schul-)Note • [8] **exam** [ɪg'zæm]

57 The gerund

S. 55–56, Abschnitt 27.4

a) Sieh dir Satz 1 an. Wähle dann die passende Präposition aus dem Kasten und vervollständige die anderen Sätze.

about (3x) • at (2x) • for • of (2x)

1 He might lose his job. **(worried)** He's worried about losing his job.

2 I like Dad's cooking. **(good)** Dad is good ______.

3 Mum is Welsh. **(proud)** Mum is ______.

4 She tells great jokes. **(famous)** She's ______.

5 We're going to India. **(excited)** We're ______.

6 My brother can't read maps. **(bad)** He's ______.

7 I broke your camera. **(sorry)** I'm ______.

8 I don't like flying. **(afraid)** I'm ______.

b) Wähle die passende Präposition aus dem Kasten und schreib die Sätze um.

about (2x) • against • of • to

1 We don't want to go away on holiday this year. **(decide)**

We've decided ______ going ______.

2 Elizabeth can't wait to visit her boyfriend at the weekend. **(look forward)**

Elizabeth is looking forward ______.

3 Grandma would love to meet the Queen. **(dream)**

Grandma dreams ______.

4 Anthony wants to get another job. **(think)**

Anthony is ______.

5 They might close the youth[1] club. **(talk)**

They're ______.

58 Participles

S. 57, Abschnitt 28.1

A recent study[2] has **found** that people in nearly all regions of the US are **getting** fatter. The worst results can be **seen** among[3] the young.
"If we were **talking** about an illness here," said one of the scientists who designed the study, "this would be **called** an epidemic[4]."
Experts are **looking** forward to the results of a similar study that will be **completed** in Europe next year.

Die markierten Wörter im Text oben sind Partizipien. Trage sie in die richtige Zeile der Tabelle ein.

present participle als Teil einer Verlaufsform	getting,
past participle als Teil einer *present perfect*-Form	
past participle als Teil einer Passiv-Form	

[1] **youth** [juːθ] Jugend • [2] **a recent study** [ˌriːsnt ˈstʌdi] eine kürzlich durchgeführte Studie • [3] **among** [əˈmʌŋ] bei, unter • [4] **epidemic** [ˌepɪˈdemɪk] Epidemie

59 Participles

➜ S. 57, Abschnitt 28.2

Sieh dir das Bild an. Wähle passende Verben und Nomen aus den Kästen und vervollständige die Sätze.

film • listen • play • read • wear • write

a book • a seagull • a text • chess • the blue top • to music

1 The boy ______________ is called Justin.

2 Who is the girl ______________? – That's Abby.

3 And the boy ______________ with Abby? – That's Sam.

4 And who is the girl ______________? – Her name is Lucy.

5 And the girl ______________ and ______________ is called Maya.

60 Participles

➜ S. 57, Abschnitt 28.2

Megan hat einen Ferienjob in einem Gasthof. Bring die Sätze in die richtige Reihenfolge.

1 It's 8 o'clock. Megan is busy. The dining room – waiting – for their breakfast – people – is full of

It's 8 o'clock. Megan is busy. The dining room is ______________

______________.

2 some toast – to the man – just taken – reading – the paper – she's

She's just ______________.

3 has just ordered – summer dress – yellow – some more coffee – the woman – wearing a

The woman ______________ some

more coffee.

4 aggressively[1] – sitting near her feet – black dog – is barking – the little

The little ______________.

5 at the table – by the window – for another boiled egg – sitting – has asked – the woman

The woman ______________

______________.

6 playing with her smartphone – some fresh orange juice – would like – the girl

The girl ______________

______________.

[1] **agressively** [əˈgresɪvli]

61 Participles

➔ *S. 57, Abschnitt 28.3*

Vervollständige die Sätze mit *see/hear/feel/smell* und einem passenden Verb aus dem Kasten – wie im Beispielsatz 1.

burn · climb · come · laugh · ring · sing · talk

1 The kids are having fun. I can hear them laughing.

2 Dad will be home soon. I can see him ______.

3 There are a couple of birds in the garden. I can ______ them ______.

4 Is the pizza still in the oven? I can ______ something ______.

5 Help! There's something in my sleeping bag! I can ______ it ______ up my leg.

6 Jeremy is on the phone again. I can ______ him ______.

7 It was Sunday morning. I could ______ the church bells ______.

Morph noticed the cat coming up behind him.

The noun

62 REVISION The plural

➔ *S. 58, Abschnitt 29*

Computer desk with shelf, as good as new, £ 55. Phone [redacted]

Hamsters, mice, rats, rabbits, pond[1] fish, also pet food – Pete's Pet Shop, Mill Street

Family holiday park on the Welsh coast offers modern caravans. Live music every Friday and Saturday. www.[redacted]

Summer dresses, 100% cotton[2], wide range[3] of designs, reasonable[4] prices. www.[redacted]

Second-hand surfing equipment. [redacted] Ask for Steve.

On special offer! Sunglasses, swimsuits[5], swimming trunks[6]. The Beach Boutique, High Street

Sieh dir die verschiedenen Nomen in den Kleinanzeigen oben an und beantworte dann folgende Fragen:

– 12 Nomen stehen im Plural. Welche? ______

______

– 2 davon sind unregelmäßig. Welche? ______

– 2 davon werden oft mit „a pair of" verwendet. Welche? ______

– 1 Nomen (im Text im Singular) bildet seinen Plural auf *-ves*. Welches? ______

– 1 Nomen (im Text im Singular) bildet seinen Plural auf *-ies*. Welches? ______

– 4 Nomen sind unzählbar. Welche? ______

[1] **pond** Teich · [2] **cotton** [ˈkɒtn] Baumwolle · [3] **range** [reɪndʒ] Auswahl · [4] **reasonable** [ˈriːznəbl] vernünftig · [5] **swimsuit** Badeanzug · [6] **swimming trunks** *(pl)* [trʌŋks] Badehose

63 REVISION Plural nouns

➜ S. 58–59, Abschnitt 30

Kreise ein, was richtig ist. Streiche durch, was ~~falsch~~ ist.

1 Where did you get **those / ~~that~~** sunglasses? **They look / It looks** really cool.

2 I need **a new jeans / a new pair of jeans**, Mum. **This is / These are** too small.

3 Where **has / have** my tennis shorts **gone**, Sophie? – I think Dad has washed **it / them**.

4 I'm going into town. I want to buy **an earphones / some earphones**.

5 **This earphones sounds / These earphones sound** good. I think I'll take **it / them**.

6 For a lot of teenagers, **clothes is / clothes are** very important.

7 **These stairs lead / This stairs leads** onto the roof. Be careful, **they're / it's** quite steep.

8 The police **hasn't arrived / haven't arrived** yet, but **it is / they are** on **its / their** way.

64 Countable and uncountable nouns

➜ S. 59–60, Abschnitt 31

Matthew hat ein Problem, über das er mit jemandem sprechen möchte. Er ruft Bekannte an, aber niemand hat Zeit. *a/an* oder *some*? Sieh dir Beispiel 1 an und vervollständige dann die anderen Antworten.

Matthew: Hi, it's Matthew. Can we meet this afternoon? I need your help.

1 Oliver (essay[1]/shopping): Sorry, but I have to write an essay for school, and there's some shopping to do too.

2 Ava (help/test): Sorry, my brother needs ________ with his Maths. They've got ________ tomorrow.

3 Ben (tennis racket[2]/other stuff): Sorry, but I said I would go into town and buy ________ and ________ for the tennis club.

4 Emma (equipment): Sorry, I've got band practice, and there's still ________ to move into our new practice room.

5 Noah (headache/fresh air): Sorry, I've got ________, I'm going out for a walk. I need ________.

6 Sophie (party/food): Sorry, we're having ________ tonight, and there's still ________ to be prepared.

7 Declan (housework): Sorry, but I promised to do the cooking today, and there's ________ to do too.

8 Joshua (job/money): Sorry, didn't I tell you? I've got ________ at the supermarket. I need to earn ________ for my trip to India next year.

9 Sue (old bike/furniture): Sorry, but I have to help my father to take ________ and ________ to the recycling[3] centre.

[1] **essay** ['eseɪ] Aufsatz • [2] **tennis racket** ['rækɪt] Tennisschläger • [3] **recycling** [ˌriː'saɪklɪŋ]

65 Uncountable nouns

➜ *S. 59–60, Abschnitt 31*

Nur vier der folgenden Sätze sind korrekt. Kreuze sie an. Korrigiere die falschen Sätze.

- [ ] 1 That's an important information. That's an important piece of information.
- [ ] 2 We're getting some new furniture today. ____________
- [ ] 3 We had a lot of homeworks today. ____________
- [ ] 4 Climbing up that tree was a hard work. ____________
- [ ] 5 I'll make us a tea. ____________
- [ ] 6 Two teas and a coffee, please. ____________
- [ ] 7 She has brown eyes and black hairs. ____________
- [ ] 8 I've got news for you. ____________
- [ ] 9 Let me give you an advice. ____________
- [ ] 10 Can you put on some music? ____________

66 REVISION The *s*-genitive and the *of*-phrase

➜ *S. 60–61, Abschnitt 32*

a) Bennett ist ein begeisterter Hobby-Filmer – er dreht bei jeder Gelegenheit kurze Filme. Schreib die Titel seiner letzten zehn Filme auf. (Manchmal musst du den Artikel *the* einsetzen.)

1 (65th birthday – Grandma) Grandma's 65th birthday
2 (start – holiday) The start of the holiday
3 (at – top – mountain) ____________
4 (in – garden – Uncle Jim) ____________
5 (cat – neighbours) ____________
6 (day – accident[1]) ____________
7 (new racing bike – Dad) ____________
8 (mystery[2] – missing watch) ____________
9 (in – back – school bus) ____________
10 (surprise party – Mum) ____________

b) Stell dir vor, es kommen ständig Anrufe für deine Geschwister und deine Eltern, aber es ist niemand zu Hause. Was sagst du?

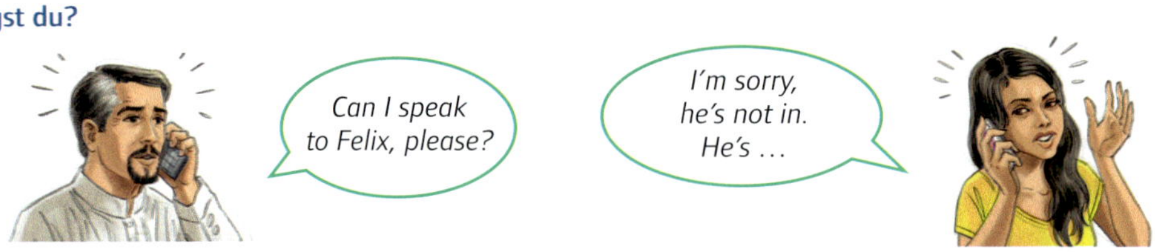

1 (Felix – hairdresser) I'm sorry, he's not in. He's at the hairdresser's.
2 (Nolan – baker[3]) I'm sorry, he's not in. He's gone ____________.
3 (Cora – doctor) I'm sorry, she's not in. She's ____________.
4 (parents – party/Millers) I'm sorry, they're not in. They've gone ____________.

[1] **accident** ['æksɪdənt] Unfall • [2] **mystery** ['mɪstri] Geheimnis • [3] **baker** ['beɪkə] Bäcker/in

67 REVISION The prop word *one/ones*

➜ *S. 61, Abschnitt 33*

Hannah und Alissa stehen vor einer Boutique. Vervollständige ihren Dialog.

Alissa: Oh, I love that jacket. Doesn't it look great?

Hannah: Which one? ______ ? *(Welche? Die weiße?)*

Alissa: No, ______ next to it. *(Nicht die weiße. Die daneben.)*

Hannah: I like ______ better. *(… die weiße …)*

Alissa: And the skirts? How do you like the skirts?

Hannah: ______ ? Look at the prices, Alissa! *(Die rechts?)*

Alissa: I know. This boutique is expensive. ______ Ogwell is cheaper. *(Die in Ogwell …)*

Determiners and pronouns

68 Articles

➜ *S. 62–63, Abschnitt 35.1–35.2*

Mit oder ohne *the*? Kreuze die richtige Lösung an.

1 Andrew took his school bag and went to [x] **school** [ ] **the school**.
2 Kayla wants to go to [x] **university** [ ] **the university** and study history.
3 Kayla's boyfriend is in [ ] **hospital** [x] **the hospital** with a broken leg. She's going to visit him this afternoon.
4 Stella Thompson is a doctor. She's on her way to [ ] **hospital** [ ] **the hospital** now.
5 The Greenslades are a very religious[1] family. They go to [ ] **church** [ ] **the church** every Sunday morning.
6 Mr Hill wants to talk to his son's head teacher. He's going to [ ] **school** [ ] **the school** tomorrow after work.
7 It will be very hard for Tim Denver to find a job after eight years in [ ] **prison** [ ] **the prison**.
8 There was a fire at our church last week. Luckily, the firefighters[2] arrived at [ ] **church** [ ] **the church** within minutes.

69 Articles

➜ *S. 62–64, Abschnitt 35*

Setze *a/an* oder *the* ein, wo nötig. (An manchen Stellen steht weder der unbestimmte noch der bestimmte Artikel!)

When Filiz Ertegün from ____ Turkey visited London last year, she took ____ advice of the hotel receptionist[3] and visited one of the city's street markets. And what ____ interesting experience that was!

The market was ____ such ____ colourful sight[4], with stalls selling everything from ____ fresh fruit and vegetables to ____ T-shirts, ____ tools[5] for ____ left-handed people and ____ latest[6] pop CDs. Almost all ____ clothes Filiz saw seemed to come from Asia, and ____ most of them were quite cheap – only about ____ half ____ price of what she usually had to pay in the boutiques back home in Istanbul.

Filiz loved ____ atmosphere. Most of ____ sellers[7] were shouting loudly and making ____ awful noise, but they were funny, too, and lots of ____ people seemed to have come there just to watch and listen, not to buy anything. But after ____ while, all ____ noise gave Filiz ____ headache, and she took the bus back to her hotel.

[1] **religious** [rɪˈlɪdʒəs] · [2] **firefighters** Feuerwehrleute · [3] **receptionist** [rɪˈsepʃənɪst] Empfangschef/in · [4] **a colourful sight** ein farbenprächtiger Anblick · [5] **tool** [tuːl] Werkzeug · [6] **latest** neueste(r, s) · [7] **seller** Verkäufer/in

70 Quantifiers

➜ S. 64–66, Abschnitt 36

Kreise ein, was richtig ist. Streiche durch, was ~~falsch~~ ist.
Beachte: Es sind immer zwei der angegebenen Lösungen möglich – und eine ist immer falsch!

1 Our Maths teacher gives us **too much** / ~~**too many**~~ / **lots of** homework.

2 I couldn't do **some / many / much** of the exercises, Miss Bell.

3 Would you like **a few / some / a little** cream with your coffee, Mary?

4 In the afternoon, we had **a few / a little / some** fruit and **a few / a little / some** sandwiches.

5 They gave us **a lot of / many / some** important information at the tourist centre.

6 There was **not much / very little / very few** time for the test, so I made **many / much / a lot of** mistakes.

7 There are **a little / a few / some** biscuits in the kitchen. But there isn't **many / much / a lot of** cake left.

8 We had **a little / a few / a lot of** rain most evenings, but during the day the weather was great.

71 REVISION Quantifiers

➜ S. 65, Abschnitt 36.2

Wie müssen die Sätze **A** und **B** fortgesetzt werden – mit **a** oder mit **b**? Ordne zu.

1 **A** Didn't you say that you'd like me to get — **a** anything from the shops for you?
B Would you like me to get — **b** something from the shops for you?

2 **A** How was the match? Did you score — **a** any goals?
B You must play better. Can't you try and score — **b** some goals?

3 **A** He's on a hiking[1] tour — **a** anywhere in Wales.
B You can find beautiful hiking trails — **b** somewhere in Wales.

4 **A** I heard a noise outside, but there wasn't — **a** someone in the garden.
B She thought there was — **b** anyone in the garden.

72 REVISION Quantifiers

➜ S. 65–66, Abschnitt 36.2–36.3

Wähle eine passende Mengenbezeichnung aus dem Kasten und vervollständige die Sätze.

all the · any · anyone · anything (2x) · both · each · everyone · no · no one · some · something

1 There isn't ____________ bread left.
Do you want me to get ____________?

2 Was there ____________ interesting on the news?
– Yes, there was ____________ about that accident[2] on the motorway[3].

3 I'm starving. I haven't had ____________ to eat since breakfast.

4 ____________ was cheering and laughing when they heard that they had won the contest.

5 Oh come on, that's child's play. ____________ could do that.

6 There was ____________ more music, and ____________ guests had stopped dancing.

7 There were six students in the room, and ____________ of them was wearing a different school uniform.

8 Jane and Simon had an accident, and they ____________ had to be taken into hospital.

9 ____________ visited Jane and Simon for over a week.

[1] **hiking** ['haɪkɪŋ] Wandern; Wander- · [2] **accident** ['æksɪdənt] Unfall · [3] **motorway** Autobahn

73 Reflexive pronouns

S. 66–67, Abschnitt 37

Vervollständige die Sätze mit der richtigen Form des Verbs. Füge ein Reflexivpronomen ein, wo es nötig ist.

1 Those tools[1] are too dangerous for small children. I'm not surprised they hurt themselves (hurt).

2 The door ______________ (open) before we had time to ring the bell.

3 When the Pattersons were in Brighton, their children had to ______________ (look after).

4 "Don't ______________ (move)," she said when she saw the snake.

5 Olivia really ______________ (enjoy) in the film studio, but when she ______________ (see and hear) on TV a few weeks later, she ______________ (feel) very strange.

6 On our first day in the football camp, we all ______________ (introduce) to our new coach[2].

7 Have you ever tried to ______________ (imagine) what it might feel like to be President of the United States of America?

8 I had an accident[3] when I was working in the garden yesterday. I ______________ (cut) quite badly.

74 Reflexive pronouns

S. 66–67, Abschnitt 37

Vervollständige die Sätze. Wenn nötig, füge ein Reflexivpronomen oder *each other* ein.

1 („sich schreiben") When the holiday was over, they promised to write to each other every three months.

2 („sich treffen") Where do you think we should ______________?

3 („sich verstecken") Where can we ______________? In the cupboard?

4 („sich verletzen") "Don't ______________," I said when he tried to open a tin of soup with a knife.

5 („sich beibringen") My sister wants to ______________ to play the guitar.

6 („sich helfen") My brother and I always try to ______________ with our homework.

7 („sich schicken") Do your parents and your grandparents ______________ Christmas cards?

8 („sich schützen") For Australians, it's very important to ______________ from the sun.

[1] **tool** [tu:l] Werkzeug · [2] **coach** [kəʊtʃ] Trainer/in · [3] **accident** [ˈæksɪdənt] Unfall

The adjective

75 REVISION The adjective: use

➔ S. 68, Abschnitt 38

The **Aquarium** in Plymouth, right next to Sutton Harbour, is the largest aquarium in the UK. There you can see fascinating[1] sea creatures[2] from all corners of the earth – octopuses[3], eels[4], sharks, …
The learning centre has activities for children of all ages, and you can also watch interesting films about all kinds of sea life.
There are two restaurants and a large outdoor picnic area where you can relax and enjoy delicious food.
The aquarium shop sells great souvenirs for you and your friends.
The **Aquarium** is open from 10 am to 6 pm in the summer and from 10 am to 5 pm in the winter.
(The **Aquarium** is closed on December 25.)

Lies den Text oben. Finde die Adjektive und trage sie in die richtige Zeile der Tabelle ein.

vor einem Nomen	largest, fascinating,
Superlativ	
nach einer Form von *be*	

76 REVISION The adjective: comparison

➔ S. 68, Abschnitt 39

a) Vervollständige die Tabelle.

Grundform	Komparativ	Superlativ
	worse	
bright		(the) brightest
brilliant		
		(the) busiest
	more careful	
		(the) best
great		
hot		
interesting		
lonely		
many		
fascinating		

b) Vervollständige die Regel.

Unregelmäßig gesteigert werden good, ______

Einsilbige Adjektive sowie zweisilbige Adjektive, die auf **-y** enden: Steigerung mit ______

Andere zweisilbige Adjektive sowie Adjektive mit mehr als zwei Silben: Steigerung mit ______

[1] **fascinating** ['fæsɪneɪtɪŋ] faszinierend · [2] **creature** ['kriːtʃə] Geschöpf, Lebewesen · [3] **octopus** ['ɒktəpəs] Krake, Tintenfisch · [4] **eel** [iːl] Aal

77 REVISION The adjective: comparison

➜ S. 68, Abschnitt 39–40

Stelle Vergleiche an wie im Beispiel.
Wähle ein dir passend erscheinendes Adjektiv und verwende den Komparativ + *than* oder *not as … as*.

1 a bus – a car — A bus is more expensive than a car. / A car is cheaper than a bus. / A car is faster than a bus. / A bus isn't as fast as a car.

2 English – Maths

3 Portugal – Sweden

4 an email – a postcard

5 skiing – surfing

6 a computer – a smartphone

The adverb

78 REVISION Types of adverbs

➜ S. 69, Abschnitt 41

There are **always** lots of cars and pedestrians in our road, and I like to watch what is going on. Last Saturday, I woke up **quite early**, so I sat by the window and looked **outside**. There was a woman who was walking her little dog. It had **very** short legs which moved very **quickly**, and it looked as if it was taking the woman for a walk **instead**. **Then** a white sports car raced down the street. It was going **terribly fast**! The traffic light turned red as the car reached the junction and BAM! It drove into a green van, and glass flew **everywhere**. A man in a black hat jumped out of the white car and ran **away**. I called the police and ran down the stairs – but the man in the black hat was gone.

Die markierten Wörter im Text oben sind Adverbien. Sieh sie dir an und beantworte dann folgende Fragen:

– 2 Adverbien sind von Adjektiven abgeleitet. Welche? quickly,

– 2 haben dieselbe Form wie Adjektive. Welche?

– 8 sind „ursprüngliche“ Adverbien (nicht von Adjektiven abgeleitet). Welche? always,

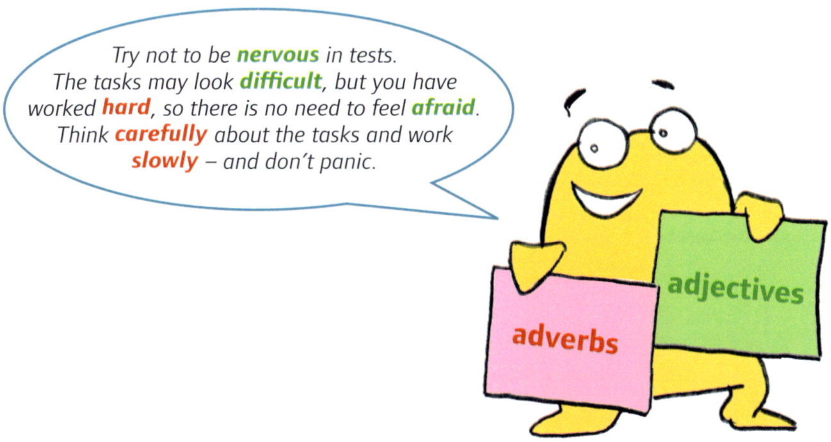

79 Adverbs with adjectives

➜ S.69, Abschnitt 42

Lies die Kurzdialoge. Achte besonders auf die fett gedruckten Wörter in den Klammern. Wähle dann ein Adverb aus dem Kasten und vervollständige die Antworten von B mit einer Kombination aus Adverb + Adjektiv – wie im Dialog 1.

amazingly · really · ~~surprisingly~~ · unbelievably[1] · unusually

1 **A** What was the test like?

B *(Everybody was **surprised** how **easy** it was.)* Well, actually it was surprisingly easy.

2 **A** Look at their homework. I'm sure they've copied from each other.

B *(Yes, it's **amazing** how **similar** their answers are.)* I agree. Their answers are ______________________.

3 **A** Tommy is only 13 years old, and he's in the school basketball team?

B *(It's **unusual** for a 13-year-old to be as **tall** as Tommy.)* Well, he's ______________________ for a 13-year-old.

4 **A** She says she'll sell her car for £ 400.

B *(I **can't believe** that the price is so **low**[2].)* Why does she want to sell it at such an ______________________ price?

5 **A** The hotel is so cheap. Can you really recommend[3] it?

B *(Oh yes! They serve **real** English food. And it's **good**!)* Oh yes! The food is ______________________.

80 REVISION Adverb of manner or adjective?

➜ S.70, Abschnitt 44

Kreuze die richtige Lösung an.

1 Before the match, both teams seemed very ☐ **nervous** ☐ **nervously**.
2 Your new loudspeakers sound ☐ **brilliant** ☐ **brilliantly**.
3 I said I was sorry, but the woman still shouted at me ☐ **angry** ☐ **angrily**.
4 He felt the dog's leg ☐ **careful** ☐ **carefully**. It seemed to be hurt.
5 She always gets ☐ **angry** ☐ **angrily** when she loses a match.
6 The woman looked around ☐ **nervous** ☐ **nervously** before she entered the bank.
7 I've got a cold. I can't smell very ☐ **good** ☐ **well**.
8 The man on the phone sounded very ☐ **excited** ☐ **excitedly**.
9 I tasted the soup ☐ **careful** ☐ **carefully**.
10 The scones taste ☐ **good** ☐ **well**.

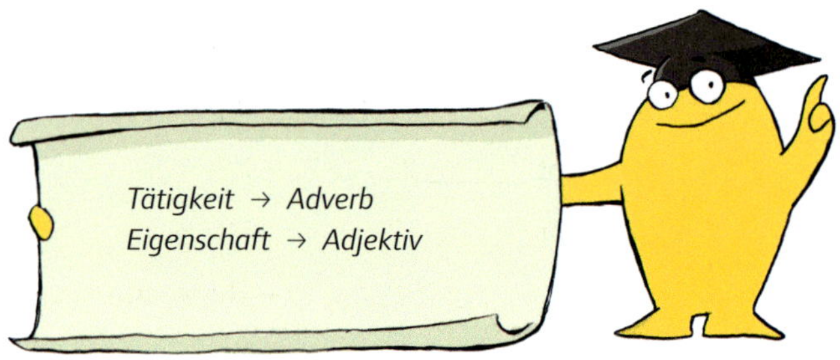

[1] **unbelievably** [ˌʌnbɪˈliːvəbli] unglaublich · [2] **low** [ləʊ] niedrig · [3] (to) **recommend** [ˌrekəˈmend] empfehlen

Prepositions

81 REVISION *about – at – for – from – in – of – over – with*

S. 71, Abschnitt 45

Vervollständige den Text mit den richtigen Präpositionen.

People from all ______ the world think ______ **The Beatles** when they hear the word **Liverpool**. Many might also start talking ______ the famous Liverpool football teams, **Liverpool F.C.** and **Everton F.C.** Both clubs play ______ the English Premier League[1], and both play in stadiums ______ seats ______ over 40,000 fans.

Everton F.C. was founded ______ 1878. They play ______ Goodison Park. Liverpool F.C. was founded ______ 1892 and play ______ Anfield. Many famous players have played ______ the clubs, Wayne Rooney ______ Everton F.C. and Steven Gerrard ______ Liverpool F.C., ______ example.

Since the Football League was founded ______ 1888, Liverpool has been the only English city where first-class professional football has been played every year.

82 REVISION Prepositions of time

S. 71, Abschnitt 45

Beantworte die Fragen. Im Kasten stehen Präpositionen der Zeit, aus denen du auswählen kannst.

after • at • before • between • for • from … to … • in • on • since • until • …

1 When is your birthday? — My birthday is on ______.
2 When were you born? — I was born ______.
3 How long have you been at your school? — I've been at this school ______.
4 How long will you stay at your school? — I'll stay at this school ______.
5 What time do you get up during the week? — I usually get up ______.
6 What time do you go to bed? — I usually go to bed ______.
7 When do you do your homework? — I do my homework ______.
8 How long do you sleep at the weekend? — I usually sleep ______.

83 Prepositions at the end of clauses

S. 71, Abschnitt 45

Vervollständige die Fragen und Antworten mit den passenden Präpositionen aus dem Kasten.

about • at • for • from • with

	Molly:	**Thomas:**
1	What are you looking ______?	– A present.
2	Who is the present ______?	– It isn't for anyone. It's mine.
3	Who did you get it ______?	– The woman I told you ______.
4	Which woman?	– The woman my dad is going out ______.

[1] **the Premier League** [ˌpremiə ˈliːɡ] *die oberste Spielklasse im englischen Fußball*

Conditional sentences

simple present + will future

84 REVISION Conditional sentences, type 1

➜ S. 72–73, Abschnitt 46–47

Eine neue Autobahn (*motorway*) soll gebaut werden. Die folgenden Äußerungen stammen von Bewohnern und Bewohnerinnen eines Dorfes, an dem die Autobahn vorbeiführen soll. Vervollständige die Äußerungen.

1 "If they build (build) a motorway so close[1] to our village, house prices will fall (fall)."

2 "People don't want to (not want to) come and live here if they will find out (find out) that there's a motorway right next to the village."

3 "If no one buys (buy) houses here, the village will die out (die out)."

4 "It is (be) dangerous for our children if we will get (get) the motorway."

5 "A lot of people ______ (move) away if we ______ (not stop) those plans."

6 "If they ______ (go ahead[2]) with their plans, they ______ (face) a lot of opposition[3]."

simple past + would + infinitiv

85 REVISION Conditional sentences, type 1

➜ S. 72–73, Abschnitt 46–47

Die folgenden Sätze stammen aus Gesprächen, die in New York stattgefunden haben. Vervollständige die Äußerungen mit den Wörtern aus dem Kasten. (Nutze die deutschen Wörter rechts am Rand als Hilfe.)

'll have to · can · could · mustn't · should · shouldn't · won't be able to

1 "If you have the time, you ______ visit the 9/11 memorial." *solltest*

2 "We ______ hurry if we don't want to be late." *müssen*

3 "If you need a break, you ______ go to Pier 25 in Hudson River Park." *könntest*

4 "If you buy too many souvenirs, you ______ pay for your theatre ticket." *kannst nicht*

5 "If you want to take photos of people you don't know, you ______ forget to ask them first." *darfst nicht*

6 "You ______ have a bagel if you're hungry." *kannst*

7 "If you don't want to lose your money, you ______ play against the guys at the chess corner." *solltest nicht*

86 Conditional sentences, type 2

➜ S. 72, Abschnitt 46; S. 73, Abschnitt 48

Die folgenden Sätze stammen aus Interviews, die auf einem Obst- und Gemüsemarkt geführt wurden. Vervollständige die Äußerungen.

1 "I love tomatoes. I'd still buy / would still buy (still – buy) them even if they cost (cost) twice as much."

2 "I would have to (have to) stop buying fresh vegetables if prices went (go up)."

3 "My family would complain (complain[4]) if they won't get (not get) any potatoes."

4 "If fruit became (become) more expensive, I would have (have to) buy less."

5 "If bananas cost (cost) more than £ 1.50 per[5] kilo, I ______ (stop) buying them."

6 "We ______ (pay) whatever price they asked if we ______ (want) apples or oranges."

[1] **close (to)** [kləʊs] nahe, dicht (bei, an) · [2] (to) **go ahead with sth.** [ə'hed] etwas tatsächlich durchführen/ausführen · [3] (to) **face a lot of opposition** [ˌɒpə'zɪʃn] einigem Widerstand gegenüberstehen · [4] (to) **complain** [kəm'pleɪn] sich beschweren · [5] **per** pro

87 Conditional sentences, type 2

➔ S. 72, Abschnitt 46; S. 73, Abschnitt 48

Lies die kurzen Dialoge und schreib einen Bedingungssatz (Typ 2) als neue Antwort auf – wie im Beispielsatz 1. (Vorsicht: Nicht in jedem Hauptsatz hast du die freie Wahl zwischen *would* und *might*.)

1 **A** Are you going to Olivia's party? –
B I'd like to, but I don't know any of the other people that she has invited.

B Well, I'd go / I would go / I might go if I knew any of the other people that she has invited.

2 **A** Will Emily pass her exam[1]? –
B Well, she's clever enough, but she isn't working hard enough at the moment.

B Well, she ______ if ______ ______ a bit harder.

3 **A** Can you give me a lift? –
B I'm sorry, but I haven't come by car tonight.

B Sorry, I ______ you a lift if I ______ ______ by car.

4 **A** We're going on a trip to Australia next year. Would you like to join us? –
B I don't have the money, I'm afraid[2].

B I'd come with you if ______.

5 **A** Are you going to watch the football match on TV tonight? –
B No, it's on too late.

B I'______ ______ if it ______.

6 **A** Can you give me some money? –
B I'd like to, but I can't. I haven't got any money either.

B Well, I would if ______, but I haven't got any money either.

7 **A** Do you think Jake will pass his driving test? –
B I'm not sure. He's a very nervous kind of person, you see.

B He ______ if he ______ so nervous.

88 Conditional sentences, type 3

➔ S. 72, Abschnitt 46; S. 74, Abschnitt 49

Was gehört zusammen? Vervollständige die Sätze mit der richtigen Form der Verben aus dem Kasten und ordne zu.

not be (2x) • not try to cross • not feel • go • have

1 We would have arrived earlier — b
2 The dogs would still be alive
3 If Mr Loman hadn't lost his job,
4 If the weather had been better,
5 I'm sure I would have passed the test
6 If the shops hadn't been closed,

a if I ______ so tired.
b if there hadn't been an accident[3] on the motorway[4].
c we ______ ______ a picnic in the park.
d we ______ shopping.
e if they ______ the road.
f he ______ so bad now.

[1] (to) **pass an exam** [ˌpɑːs‿ən‿ɪɡˈzæm] eine Prüfung bestehen • [2] **…, I'm afraid** [əˈfreɪd] leider • [3] **accident** [ˈæksɪdənt] Unfall • [4] **motorway** Autobahn

89 Conditional sentences, type 3

➔ S. 72, Abschnitt 46; S. 74, Abschnitt 49

Lies die Sätze A und vervollständige dann die Bedingungssätze B – wie im Beispiel.

1 **A** I've been so busy recently[1]. That's why I haven't written to you.
B If I hadn't been so busy recently, I would have written to you.

2 **A** When we got to the swimming pool, it started to rain. So we went to the cinema instead.
B We ______ to the cinema if it ______.

3 **A** Jo missed the last bus and walked home last night.
B Jo ______ home last night if he ______ the bus.

4 **A** She didn't buy the shoes because the shop didn't have her size.
B If the shop ______ ______.

5 **A** Amelia didn't try very hard. I think that's why she lost the match.
B I'm sure Amelia ______ ______ a bit harder.

6 **A** Stella arrived at the ticket office too late. There were no more tickets for the show.
B Stella would have got tickets if she ______ ______ a bit earlier.

7 **A** The accident[2] happened because Sam didn't realize[3] how wet the roads were.
B If Sam ______ how wet the roads were, the accident ______ happened.

90 Conditional sentences – a mixture

➔ S. 72–74, Abschnitt 46–50

a) Typ 1, Typ 2 oder Typ 3? Lies die Sätze und vervollständige sie mit der richtigen Form der Verben.

1 If it's sunny this afternoon, I will cycle / I'll cycle (cycle) into town.
2 If it were warmer, we ______ (have) dinner in the garden. But I think it's too cold.
3 If it hadn't rained, we ______ (go) to an open-air concert in the park on Saturday.
4 If we ______ (win) first prize, we would have enough money to go on a cruise.
5 If you ______ (come) earlier, you would have met my sister.
6 If you ______ (drop) those plates, you'll be in trouble.
7 They ______ (understand) you if you had spoken English to them.
8 If you ______ (not be) so busy, we could go for a walk.

b) Typ 1, Typ 2 oder Typ 3? Vervollständige das Gespräch mit der richtigen Form der Verben.

1 Amelia: Why don't we go camping again? We had a great time – although[4] the tent wasn't big enough.
2 Emma: Yes, if we ______ (take) a bigger tent last year, we ______ (have) a bit more room.
3 Amelia: We could stay at a hostel. If we did that, it ______ (not cost) much more than camping.
4 Emma: Hostels are very busy in August. If we decide to stay at a hostel, we ______ (have to) book in advance[5].
5 Amelia: That's right. … Listen, if you ______ (book) the hostels, I ______ (get) the bus tickets. OK?

[1] **recently** ['riːsntli] in letzter Zeit · [2] **accident** ['æksɪdənt] Unfall · [3] (to) **realize** ['riːəlaɪz] bemerken · [4] **although** [ɔːl'ðəʊ] obwohl · [5] (to) **book in advance** [əd'vɑːns] im Voraus buchen

Relative clauses

91 REVISION The relative pronoun *who*

➜ S. 75, Abschnitt 51 – 52

Charlotte Walker war in den Sommerferien in einem Jugendcamp in Wales. Nach ihrer Rückkehr zeigt sie ihrer Familie ihre Fotos und erzählt von den Jugendlichen, die sie kennengelernt hat.
Lies den Text. Beschreibe dann die Personen, die Charlotte ihrer Familie vorstellt. Verwende Relativsätze mit *who*.

"This is Tara Carlin. She's Irish. In the evenings, she sometimes played the fiddle[1] and sang Irish songs. … And this is Luke Macmillan. He's Scottish. He's very good at sports. He often helped the sports instructors[2]. … And here we have Ashraf Khan. He lives in St Albans. I was always glad to have him on my team when we went orienteering[3] – he's great with maps and a compass. … And this is Cora – Cora Williams. She showed me how to windsurf. She's going to visit me next Easter …"

1 Tara Carlin is the girl who sometimes ______

2 Luke Macmillan is ______

______

3 Ashraf Khan ______

______

4 Cora Williams ______

______

92 REVISION The relative pronouns *who* and *which*

➜ S. 75, Abschnitt 51 – 52

Sieh dir die Tabelle an und schreib passende Definitionen auf.

1 **foreigner**[4] – someone		carries	somewhere on foot[6]
2 **compass** – thing		cheers	for their team at sports events
3 **ferry** – boat	**who**	is used	in another country
4 **cheerleader** – person	**which**	shows	people and cars across a river
5 **pedestrian** – someone		goes	to carry clothes when you are travelling
6 **suitcase**[5] – something		was born	you where North is

1 A foreigner is someone who ______ country.

2 A compass is ______

3 A ferry is ______

4 A cheerleader is a person ______

5 A pedestrian is ______

6 A suitcase is ______

______

[1] **fiddle** ['fɪdl] Geige · [2] **sports instructor** Sportlehrer/in · [3] **orienteering** [ˌɔːriən'tɪərɪŋ] Orientierungslauf · [4] **foreigner** ['fɒrənə] Ausländer/in · [5] **suitcase** ['suːtkeɪs] Koffer · [6] **on foot** zu Fuß

93 Relative clauses: with or without a relative pronoun?

➜ S. 76, Abschnitt 54

Mrs Carter hat Weihnachtsgeschenke für ihre Familie besorgt. Sie dir die Tabelle und die Sätze 1 bis 6 an. Schreib auf, wer was bekommt. Verwende das Relativpronomen *that* nur dort, wo es nötig ist.

a concert ticket for a new local band		is small enough to fit[2] in his rucksack
a pair of gloves		will look good with her new ball dress
a pair of shoes	**that**	Mrs Carter read about in a magazine
a recipe book	---	strong enough to let him study Saturn
a sleeping bag[1]		she heard about on the radio
a telescope		will keep her hands warm in winter

1 Her mother is 76 years old, and she often feels cold. She's getting ______________________________

____

2 Her husband[3] loves cooking. He's getting ______________________________

____

3 Her daughter loves pop music. She's getting ______________________________

____

4 Her son is interested in space[4] and astronomy[5]. He's getting ______________________________

____

5 Her sister's hobby is dancing. She's getting ______________________________

____

6 Her brother loves going on camping trips. He's getting ______________________________

____

Wenn das Relativpronomen direkt vor dem Verb steht, ist es Subjekt – dann darfst du es nicht weglassen.

94 Relative clauses: with or without a relative pronoun?

➜ S. 76, Abschnitt 54

Setze Häkchen bei den richtigen Lösungen – wie im Beispiel.
Achtung: Manchmal gibt es nur eine Möglichkeit, manchmal sind zwei Lösungen korrekt – und einmal sind alle drei angegebenen Lösungen möglich.

1 The concert ☐ **who** ☑ **that** ☑ **---** I went to last Friday was fantastic.
2 The friends ☐ **that** ☐ **which** ☐ **---** I went with had free tickets.
3 The boy ☐ **who** ☐ **which** ☐ **---** gave us a lift had seen the band twice before.
4 The girl ☐ **who** ☐ **which** ☐ **---** played the guitar was also the singer.
5 The songs ☐ **which** ☐ **that** ☐ **---** she sang that evening were from the band's latest[6] album.
6 The guitar ☐ **who** ☐ **that** ☐ **---** she played was painted red.
7 The people ☐ **who** ☐ **which** ☐ **that** stood next to me knew the lyrics[7] to all the songs.
8 The song ☐ **which** ☐ **that** ☐ **---** ended the show was called "Knocking on heaven's door".

[1] **sleeping bag** Schlafsack · [2] (to) **fit** passen · [3] **husband** ['hʌzbənd] Ehemann · [4] **space** [speɪs] Weltraum · [5] **astronomy** [ə'strɒnəmi] · [6] **latest** neueste(r, s) · [7] **lyrics** *(pl)* ['lɪrɪks] (Song-)Text(e)

95 Relative clauses: with or without a relative pronoun?

➔ S. 76, Abschnitt 54

Vervollständige die Sätze 1–5. (Sieh dir dazu die Sätze in Klammern an.)
Verwende *contact clauses*, wo es möglich ist.

1 "Audrey? Isn't she the girl ______________________ __________ a few times?"
(Milo went out with Audrey a few times.)

2 "I met Natalie yesterday. Do you remember her? She's the girl ______________________ ______________________."
(Natalie wanted to be a fashion designer.)

3 "I went to *Ruby's* last night." – "What's *Ruby's*?"
"It's that Italian restaurant ______________________ ______ with Felix last summer. Don't you remember?"
(We often went to Ruby's with Felix last summer.)

4 "I don't think I've read *One day*. What is it about?" –
"But John, of course you've read it. It's that novel[1] by David Nicholls ______________________ __________ last year.
(You got it as a birthday present last year.)

5 "Yes, I think I remember Andrew. He's the guy ______________________ at that summer camp in France, right?"
(Megan fell in love with Andrew at the summer camp in France.)

Indirect speech

96 Indirect speech: backshift of tenses

➔ S. 77–78, Abschnitt 56–58; S. 80, Abschnitt 61

Abigail berichtet ihren Eltern von einem Gespräch, das sie mit der neuen Austauschschülerin Katharina geführt hat:

I talked to that German exchange[3] student at our school. She told me she was from Bremen and that she was staying with friends of her parents in Taverham. She said she had never been to England before and that she felt very nervous about going to school here. I said that most teachers at our school were really nice and told her not to worry. I invited her over to dinner on Friday, and she said she'd be here at 6 o'clock. I hope that's OK with you …

a) Schreib auf, was Katharina und Abigail bei ihrem Gespräch wörtlich gesagt haben.

1 Katharina: "I'm from Bremen. ______________ with friends of my parents in Taverham."
2 Katharina: "I' ______________ before."
3 Katharina: "I ______________ going to school here."
4 Abigail: "Most teachers at our school ______________, so ______ worry."
5 Katharina: "I' ______________ at 6 o'clock."

b) Schreib auf, wie sich die Zeitformen von der wörtlichen zur indirekten Rede verändert haben.

– simple present → simple ______________ *– present perfect* → ______________
– present progressive → ______________ *– will-future* → ______________ + infinitive

[1] **novel** ['nɒvl] Roman · [2] **exchange student** [ɪks'tʃeɪndʒ] Austauschschüler/in

97 Indirect speech: statements

➜ S. 77–78, Abschnitt 56–58; S. 80, Abschnitt 61

Die Schulleiterin einer privaten Sprachschule (Ms Black) hat sich mit zwei Vertretern des Stadtrates (Ms Cook und Mr Hobbs) getroffen, um über die Pläne der Schule zu sprechen. Schreib auf, was gesagt wurde.

1 Ms Black – say – school – want – build – clubroom – corner – underground car park[1]

Ms Black said that the school wanted to build a clubroom in a corner of their underground car park.

2 She – explain – school – need – place – where – teachers – students – can meet – after lessons

She explained that the school ______ teachers and students ______ after lessons.

3 Mr Hobbs – say – he – think – car park – be – too small already

Mr Hobbs said that he ______.

4 Ms Cook – tell – Ms Black – neighbours – already – complain[2] – students' cars – parked outside the school

Ms Cook told Ms Black that ______ about the students' cars parked outside the school.

5 She – add – council – receive[3] – a large number – protests – school

She added that ______ about the school.

6 Ms Black – explain – school – use – that corner – car park – bikes – not cars

Ms Black explained that ______ that corner of the car park for bikes, not cars.

7 Mr Hobbs – say – all council members – visit – school – following week – have a look – car park

Mr Hobbs said that ______ the following week to have a look at the car park.

98 Indirect speech: statements

➜ S. 77–78, Abschnitt 56–58; S. 80, Abschnitt 61

Welche Aufgaben übernehmen die Jugendlichen am Wochenende?
Schreib auf, was sie in einem Interview zu diesem Thema gesagt haben.

1 Tyler said that he often ______ the dishes.
2 Sarah told us that ______.
3 Anna answered that ______.
4 David said that ______.
5 James ______.
6 Emily ______.
7 Ryan ______.
8 Grace ______.

Tyler	often / wash the dishes
Sarah	always / clear the table
Anna	always / do the shopping
David	usually / clean the bathroom
James	always / walk the dog
Emily	often / make breakfast
Ryan	sometimes / do the cooking
Grace	often / look after her sister

[1] **car park** Parkplatz · [2] (to) **complain** [kəm'pleɪn] sich beschweren · [3] (to) **receive** [rɪ'siːv] erhalten

99 Indirect speech: questions

➜ S. 79, Abschnitt 59; S. 80, Abschnitt 61

Jacob und Ella haben sich bei ihrem letzten Treffen über ihre Motorräder unterhalten.
Bring die Sätze in die richtige Reihenfolge.

1 how long – Jacob asked – had – her motorbike – had – Ella – she

Jacob asked Ella ______.

2 if – it – let him – she – He wondered – ride – would

He wondered ______.

3 his bike – when – had – Jacob – Ella asked – bought – he

Ella ______.

4 to know – which garage[1] – used – to service[2] – She wanted – he – his bike

She ______.

5 how – he – often – She asked – his bike – rode

She ______.

100 Indirect speech: questions

➜ S. 79, Abschnitt 59; S. 80, Abschnitt 61

Frau Winfield kommt erst gegen Mittag ins Büro. Ihre Sekretärin hat schon eine Reihe von Anrufen für sie entgegengenommen und sich Notizen gemacht.

Sieh dir die Notizen rechts an und vervollständige, was die Sekretärin ihrer Chefin berichtet. Achte darauf, die richtige Zeitform zu wählen.

1 John Hammonds: answer letter when?
2 husband: remember theatre tickets?
3 Pete Clark: come to tennis club tonight?
4 daughter: home when today?
5 William Poole: meeting[3] this afternoon?
6 Sue Wright: leave an hour earlier today?

TIPP
Wenn du die Aufgabe schwierig findest, dann schreib hier zuerst auf, was die Anrufer wörtlich gesagt haben, bevor du den Bericht der Sekretärin vervollständigst:

1 "When is Ms Winfield going to answer my letter?"
2 "Has she ______
3 "Is ______
4 "When ______
5 "Will there ______
6 "Can ______

1 John Hammonds wondered when you were going to ______.
2 Your husband asked if ______.
3 Pete Clark asked ______.
4 Your daughter wanted to know ______.
5 William Poole asked if there ______.
6 And Sue Wright wanted to know ______.

[1] **garage** ['gærɑːʒ, 'gærɪdʒ] (Auto-)Werkstatt · [2] (to) **service** ['sɜːvɪs] warten *(Auto, Motorrad)* · [3] **meeting** Besprechung

101 Indirect speech: statements and questions

S. 77–79, Abschnitt 58–59; S. 80, Abschnitt 61

Das folgende Gespräch fand in einem Touristeninformationszentrum zwischen einem der Angestellten und einer alten Dame statt. Später berichtet der Angestellte einer Kollegin von der Begegnung. Vervollständige seinen Bericht.

(1) Can I help you?

(2) Would you mind finding me a hotel for two nights?

(3) How much do you want to pay?

(4) The price isn't so important, but the room has to be quiet.

(5) You look tired.

(6) I had to leave my home in Inverness at 5 o'clock this morning.

(7) I'm taking part in a conference on global warming[1].

(8) I've just come from the airport.

1 I asked the old lady __________.

2 She asked me __________.

3 I asked her __________.

4 The price __________, she answered, but __________.

5 I told her __________.

6 She explained __________

__________.

7 She told me __________ conference on global warming.

8 __________, she added.

102 Indirect speech: statements and questions

S. 77–79, Abschnitt 58–59; S. 80, Abschnitt 61

Das Gespräch rechts fand am Mittwoch statt. Jetzt ist es Freitagabend, und David wartet mit seinen Freunden Grace und Ryan vor dem Kino auf Emily. Vervollständige, was David über sein Gespräch mit Emily berichtet.

David: Would you like to go to the cinema with me on Friday, Emily?
Emily: Yes, I would. But I have choir practice after school on Fridays, you see.
David: How long will it last[2]?
Emily: I don't know. It usually lasts an hour. What time does the film start?
David: At 7:30.
Emily: Oh, that's OK then. I'll be there by 7:25. Even if I have to miss dinner.

Grace: I don't think she's going to come, David. She must have forgotten all about your date[3].

David: Let's give her another 5 minutes, OK? You see, when I asked Emily on Wednesday if she would like to go to the cinema with me this evening she said __________, but that she __________ on Fridays. And when I asked her how __________, she said __________, but that it __________. She wanted to know __________, and I said 7:30. She promised __________, even if __________.

[1] **global warming** [ˌɡləʊbl ˈwɔːmɪŋ] Erderwärmung · [2] (to) **last** [lɑːst] dauern · [3] **date** [deɪt] Verabredung

103 Indirect speech: advice

➜ S. 80, Abschnitt 60

Anthony ist zu einem Vorstellungsgespräch für einen Ferienjob eingeladen. Miss Crofts, seine Lehrerin, gibt ihm Tipps. Später erzählt Anthony seinen Freunden, was Miss Crofts ihm geraten hat.

Miss Crofts: "First of all, be punctual[1]. And don't forget to turn off your mobile."
"Don't show that you're nervous."
"Speak loudly and clearly, but don't talk too much."
"And remember to ask some clever questions about the company[2]."

1 Miss Crofts told me ______ and ______ my mobile.
2 She advised me ______.
3 She told me ______ but ______.
4 And she advised me ______.

104 Indirect speech: commands, requests, suggestions

➜ S. 80, Abschnitt 60

Andrews Geburtstagsparty ist zu Ende, die Gäste sind dabei, sich zu verabschieden.
Sieh dir die folgenden Äußerungen an.
Berichte dann, was gesagt wurde.
Verwende *tell* … für die Aufforderungen und Ratschläge, *ask* … für die Bitten und *suggest* … für die Vorschläge.

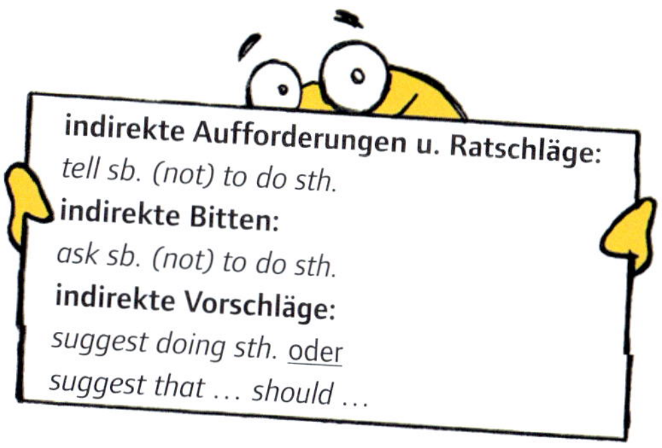

(1) Alex: "John, can you give me a lift, please?"

(2) Jeremy: "It's still warm. Let's walk home."

(3) Michael: "Olivia, can you give me your phone number, please?"

(4) Megan: "Daniel, call me soon, OK?"

(5) Hannah: "Don't forget your bag, Emma."

(6) Ethan: "Andrew, could you lend[3] me your bike, please?"

(7) Jessica: "Why don't we take a taxi?"

1 Alex asked John ______.
2 Jeremy ______.
3 Michael ______.
4 Megan ______.
5 Hannah ______.
6 Ethan ______.
7 Jessica ______.

[1] **punctual** ['pʌŋktʃuəl] pünktlich · [2] **company** ['kʌmpəni] Firma · [3] (to) **lend sb. sth., lent, lent** [lend, lent] jm. etwas leihen

Register (Index)

Die Ziffern bezeichnen die **Abschnitte des *Grammar*-Teils** (nicht die Seitenzahlen).
Beispiel: *have to* 23.7 → Zu *have to* findest du etwas im Abschnitt 23.7.
(❗= Abschnitt mit Warnsymbol)

Q

R

S

T

U

V

W

Z